Matthias Stührwoldt

Wir Bauern sind anders

Zu diesem Buch

Es ist einige Jahre her, dass mein letztes hochdeutsches Buch erschien – natürlich in der Edition Bauernstimme im AbL-Bauernblatt-Verlag. Ich glaube, es war im Jahre 2013, als „Bauernparty" heraus kam. Nun haben wir 2018, und es ist seitdem viel geschehen, nicht nur auf der Welt, sondern auch in meinem Leben, in unserem Familienleben. Ich bin nun fünfzig Jahre alt, und Marie, unsere älteste Tochter, wird fünfundzwanzig. Ich bin nun also mein halbes Leben lang Vater, und bald wird es mehr als die Hälfte sein.

Seit „Bauernparty" erschien, starben meine Eltern (Vadder 2014 und Mudder 2017) und mein Bruder (2016). Ich musste mich in den letzten Jahren mehr mit Krankheit und Tod auseinander setzen, als mir lieb war, und inzwischen bin ich der Pächter der Familiengrabstätte auf dem Friedhof in Wankendorf.

Die in diesem Buch versammelten Texte sind also in einem Zeitraum von fünf Jahren entstanden und in vielen Fällen zuerst in der Bauernstimme erschienen. So kommt es, dass es hier Geschichten gibt, in denen meine Eltern und mein Bruder noch leben, und andere, in denen sie schon tot sind. Ich habe darüber nachgedacht, das Buch dahingehend zu überarbeiten, dass eine einheitliche Zeitperspektive entstünde, aber ich habe mich dagegen entschieden, weil ich denke, dass alles, was ich schreibe, vor allem eines ist: Momentaufnahme.

Momentaufnahme eines Zeitpunkts, eines Ortes, einer Stimmung. Damit das plausibel wird, habe ich bei manchen Texten Jahreszahlen hinzugefügt. Trotzdem geht es manchmal ein wenig durcheinander. Aber ich bin auch manchmal ein wenig durcheinander.

Und obwohl ich natürlich immer über mein Leben schreibe, ist alles frei erfunden. Ähnlichkeiten zu meinem echten Leben sind reiner Zufall und volle Absicht.

Stolpe, im Mai 2018

Matthias Stührwoldt

Inhaltsverzeichnis

Für Birte!
Und die Gören!
Vielen Dank an Familie und Freunde!

In meinem Kopf

Um ehrlich zu sein: Ich bin eher keine Frohnatur. Sicher, ich habe oft und gern gute Laune, und ich lebe äußerst gern. Aber ich muss das nicht jedem gleich erzählen, und ich muss im Übrigen auch nicht jedem gleich zur Begrüßung um den Hals fallen. Diese so inflationär gewordenen Umarmungen, die den ordentlichen Holsteiner Handschlag mehr und mehr abgelöst haben, sind mir eher eine Spur zu intim. Und wenn dann noch diese bekloppten Luftküsse hinzukommen, bin ich endgültig raus. Warum soll ich die Luft küssen? Bin ich bescheuert?

Nein, ich bin wohl das, was man ein typisches norddeutsches Landei nennt. Geboren bin ich zwar in der Stadt, in Neumünster, aber auch nur, weil dort das nächste Krankenhaus war und weil man zum Gebären in den sechziger Jahren nun einmal in die Klinik ging. Nach allem, was ich über meine Mutter und die Umstände meiner Geburt weiß, hätte sie mich ebenso gut im Kuhstall werfen können, im Stroh der Abkalbebox. Wenn wir denn damals schon eine Abkalbebox gehabt hätten.

Wenige Tage nach meiner Geburt bin ich zum ersten Mal in meinen Heimatort gebracht worden. Vadder holte uns ab, im alten, himmelblauen VW Käfer. Wir sind gut in Stolpe angekommen, obwohl meine Eltern nicht angeschnallt waren und Mudder mich im Auto nur so im Arm hielt. Was hätte da alles passieren können? Ist es aber nicht.

Seitdem lebe ich in Stolpe. Den Kreis Plön habe ich in der Folge nur zu Bildungs- und Urlaubzwecken verlassen, und als ich während der landwirtschaftlichen Ausbildung meinen Lebensmittelpunkt für elf Wochen in den Nachbarkreis Ostholstein verlegte, erlebte ich die schlimmsten elf Wochen meines Lebens. Was aber, wie ich heute weiß, weniger mit dem Kreis Ostholstein zu tun hatte als vielmehr mit der mangelnden Verträglichkeit zwischen der Lehrstelle und mir. Um die Wahrheit zu sagen: Sie hasste mich, und ich hasste sie. Nach 78 wirklich unangenehmen Tagen nahm ich Reißaus und kehrte nach Stolpe zurück.

Trotz meiner großen Heimatliebe bin ich heute viel und gern unterwegs. Ich liebe es, weg zu fahren und mir die Welt anzugucken, mal weg von Haus und Hof, von Kuh und Koppel, schon allein, um den Kopf mal frei zu kriegen. Gerade als Bauer musst du auch mal raus, sonst kommt die die Freude abhanden. Meine Mutter ist das beste Beispiel dafür. Sie, die als junge Frau so selbstbewusst war und sogar für eine Zeit nach Zürich ging, um dort zu arbeiten – kann ich mir später überhaupt nicht vorstellen, meine Mutter, die ewige Bauersfrau, mitten in der Großstadt – verlor in der ständigen Sorge um den Hof irgendwann komplett die Lebensfreude und wurde depressiv. Irgendwann war es soweit, dass in ihrer Wahrnehmung alles Positive verschwand und nur noch das Schlechte blieb. Nie konnte Mudder sich mal etwas gönnen, nie mal fünfe gerade sein lassen. Sie machte sich immer nur Sorgen. In den letzten Jahren war es so, dass sie, obwohl sie sich innerlich darüber freute, wenn der Enkel ihr berichtete, er wolle eine Ausbildung zum Landwirt machen, trotzdem nur sagen konnte: Du solltest mal lieber etwas Ordentliches lernen.

Ich kann sogar verstehen, wie es dazu kam. Sicher besaß Mudder schon immer eine innere Neigung zur Depression, die, dessen bin ich mir sehr bewusst, auch in mir steckt. Aber Mudder hörte irgendwann auf, sich gegen das Dunkle aufzulehnen. Hinzu kam die Arbeit; jeden Tag der gleiche große Berg an Aufgaben, den es zu bewältigen galt, jeden Tag die end- und gnadenlose Routine der Arbeit im Stall. Irgendwann stinkt selbst das würzigste Silo, wenn man niemals etwas anderes riecht, und am Ende mag man sich selbst nicht mehr, weil man sich nur noch als Teil des Hofes wahr nimmt, als Teil des Hofes, der einem die Freiheit geraubt hat.

Wie anders ist es doch, wenn man einmal weg fährt. Die ersten fünfzig Meter sind die schlimmsten, sagt mein Freund Redlef, solange man sich umdrehen und den Hof noch sehen kann, ist man noch nicht über den Berg. Aber dann beginnt ein anderes Leben, und durch weit geöffnete Poren strömen die Eindrücke des Unbekannten in mich hinein. Und wenn ich dann zurück kehre, nach Stunden, Tagen oder auch mal einer Woche, dann ist es ganz wunderbar, wie herrlich süß der Misthaufen müffelt, wie heimelig das Klackern der Fressgitter im Kuhstall klingt und welch feine Melodie entsteht, wenn Hunderte Fliegen, die eben noch träge auf der sonnigen Hauswand dösten, gleichzeitig abheben, wenn man ihnen zu nahe kommt. Selbst der säuerliche Geruch von Kälberscheiße erzählt einem plötzlich herzerwärmende Heimatgeschichten, und mit einem Mal begreife ich, worum es geht. Es geht um nichts anderes als darum, sein Leben zu leben, jeden Tag. Jeder Tag ist eine Erinnerung wert, und Erinnerungen müssen geschaffen werden.

Ich bin mir sicher: Wenn Mudder an ihr Leben dachte, dann fiel ihr zuerst und beinahe ausschließlich all das Schlimme, das Schwere, das Schicksalhafte ein. Die Krankheiten in der Familie, das Siechtum der Eltern, der Krebs der Geschwister, die Pflegebedürftigkeit des Ehemannes, die Tode von Vater, Mutter, Bruder, Schwester, Mann und Sohn, aber auch all die Arbeit, die kranken Kälber, die verendeten Kühe oder abwechselnd die verregneten Sommer oder die Sommer großer Dürre, und selbst das Sterben empfand Mudder als große Zumutung. In ihren letzten sechs Wochen kämpfte sie mit dem Tod, als sei er eine große Tiefstreubox voller festgetretener Jungviehscheiße, die es auszumisten galt, mit Schubkarre und Forke. Aber kaum hatte sie eine Schubkarre rausgefahren, da war die gleiche Menge Mist schon wieder reingeschissen und festgetrampelt. Auf diese Weise kämpfte sie mit dem Tod, zäh und freudlos. Vier Wochen lang aß sie nichts; drei Wochen lang trank sie nichts, und auch das Morphium hat ihr – da bin ich mir sicher – keine schönen Träume bereitet. Aber sie wich nicht zurück, keinen Zentimeter, zeternd kämpfte sie gegen den Tod, bis dann plötzlich alle Kraft aus ihr wich. Sie ist nicht in Frieden gestorben. Es war die Tragik ihres Lebens, dass sie niemals zufrieden sein konnte. In ihren Augen war – zumindest in den letzten Jahren – immer nur alles schlecht, und wenn ich Mudder einmal mit zu einem plattdeutschen Comedy-Abend nahm, sagte sie hinterher: „Ich lach ja nicht so gerne." Da habe ich gedacht: Treffender konnte man meine Mutter in einem Satz unmöglich charakterisieren.

Das ist traurig und tragisch, und ich will alles tun, damit ich nicht so ende. Also lebe ich ein Leben, das nicht besser oder schlechter ist als das all der anderen, aber ich habe einfach keinen Bock zu jammern. Was nützt all das Nörgeln? Also schaffe ich Erinnerungen an die guten Dinge, und selbst der Scheißdreck ist, bei Lichte betrachtet, oft zu etwas gut. Als ich mir ein Bein gebrochen hatte, konnte ich endlich in Ruhe lesen. Als mein Vater gestorben war, erlebte ich, wie sehr unsere Familie zusammen zu halten vermag, wie nah wir uns waren, in diesen Tagen. Und selbst, wenn wir uns streiten, dann ist das zwar Mist, aber hey, es ist unser Mist!

Also bewahre ich in meinem Kopf all diese Erinnerungen, und jeder Tag kann neue Erinnerungen bringen, meine eigenen, nicht geklaut und nicht gekauft. Sie gehören nur mir und niemand anderem. Mein Kopf ist voll davon. Ich muss noch nicht einmal die Augen schließen, um es zu sehen.

Das erste Nacktbaden, zum Beispiel, mit Ricco und Sandra am Stolper See. Eigentlich war ich da das fünfte Rad am Wagen, aber ich tauchte unter ihren Beinen durch und nahm sie auf die Schultern, und in meinem Nacken spürte ich dann ihr borstiges Schamhaar, und ich dachte, ich müsse mich nur umdrehen, nur umdrehen müsse ich mich, und ich wäre am Ziel, aber nachdem ich es getan hatte, war ihr Schamhaar immer noch in meinem Nacken und nicht in meinem Gesicht, so ein Scheiß.

Oder der Augenblick, als unser erstes Kind zur Welt kam, Marie, 1993 war das, und ich weinte vor Glück und rief: „Ein Baby, ein Baby!", als hätte ich ein Ferkel erwartet.

Das unbeschreibliche Gefühl des Schwebens im grünen Wasser, jedes Jahr wieder, wenn der See endlich warm genug ist, um drin zu schwimmen, und die Frische und das Leben, die dann in mir sind, auf einmal.

Diese einzige gelungene Aktion beim Fußball, damals, 1986, als mir als Abwehrspieler in der Ligamannschaft ein Tor gelang. Es hatte fast wie Absicht ausgesehen; dabei war mir nur eine Flanke missglückt, was aber meine Mitspieler nicht zu bemerken schienen. Der Ball war im Winkel gelandet, und plötzlich fühlte ich mich wie ein Genie.

Der missglückte Abschiedskuss mit Inga, an jenem Frühlingsabend, auf der Autobahnbrücke, als ich all meinen Mut zusammen genommen hatte, um ihr die Wange zu küssen, und sie hielt mir ihre Lippen hin, für eine Viertelstunde oder so.

Unser Sohn Peer, damals vier Jahre alt, der während eines Theaterauftritts meines Bruders, der durchaus gut verkleidet im Dschungelbuch den bedrohlichen Tiger Shirkahn spielte, mitten in die gespannte Stille krähte: „Ha! Ich kenn dich! Du bist Onkel Udo!"

Nora natürlich, unsere Tochter, die es lange Zeit gehasst hat, Bauernkind zu sein. Inzwischen aber hat sie ihren Frieden damit gemacht. Sie demonstriert gemeinsam mit mir für bäuerliche Landwirtschaft, aber nur, wenn das in Berlin ist, wo man abends noch durch die berühmten Clubs ziehen kann. Sie wollte immer weg vom Hof, vom Dorf, fort von der Provinz, raus in die Welt, in die Stadt, und sie kam zunächst bis – und das muss man sich auf der Zunge zergehen lassen – Neumünster! Inzwischen ist sie in Fulda gelandet. Soll ja auch eine ziemliche Metropole sein...

Unsere Kinder Carla und Jon, die es mit echter Bauernschläue geschafft haben, Hofkatzen zahm zu spielen und zu Hauskatzen zu machen, obwohl ich zuvor immer gesagt hatte, dann zöge ich aus, entweder die Katzen oder ich, und jetzt füttere ich sie, wenn sie Hunger haben, und manchmal, auf dem Sofa, legen sie sich nun auf mich drauf und kuscheln sich an und schnurren, als wäre ich gar kein katzenhassender Plattschaufelbauer oder als hätten sie in der Katzenschule nicht aufgepasst.

Und, nicht zuletzt, die Liebste und ich, seit achtundzwanzig Jahren zusammen. Wir gehen immer noch Hand in Hand, ihre zarte Hand fühlt sich in meiner Pranke immer noch prächtig an, und ihr Hintern in Reithosen ist immer noch viel hübscher als Paris. Ich weiß es genau; denn ich war dort und habe nachgeguckt. Ehrlich mal: Paris ist nicht schlecht, aber meine Frau ist besser, und ich verstehe nicht so ganz, warum all die Leute los fahren, um sich Paris anzugucken, statt nach Stolpe zu kommen und sich den Hintern meiner Frau anzugucken. Obwohl, wenn ich jetzt darüber nachdenke, ich glaube, das wäre ihr gar nicht so recht, und mir auch nicht. Also, Leute, fahrt nach Paris, und dann kommt wieder nach Hause und freut euch darüber, wie delikat der heimische Misthaufen duftet. Und die Milchkammer erst, mit ihrem unverkennbaren Milchkammergeruch.

All das – und noch viel mehr – sind die guten Dinge in meinem Kopf. Er ist ganz voll davon. Ich könnte stundenlang so weiter machen, und es strengt mich nicht die Bohne an. Das Leben ist großartig, und ich bin mittendrin.

Schlagkraft

Als ich zuletzt bei der Agritechnica war

es muss einige Jahre her sein
denn heute geh ich da nicht mehr hin

aber als ich zuletzt bei der Agritechnica war
landete ich vor einer riesigen Videoleinwand
vor der Unmengen von Jungbauern standen
mit erhobenen Handys
um Videos vom Video zu machen

man sah einen großen Schlepper
mit einer breiten Drillmaschine

es ging um einen Weltrekordversuch
wenn ich mich recht erinnere
zweihundertzwanzig Hektar
in vierundzwanzig Stunden

ich musste lachen und
sagte zu mir selber

anders rum
schaff ich das auch

Im Melkstand

Die Liebste fragt mich oft, warum zum Teufel ich im Melkstand so viel Zeit verbringe. Ständig kämen wir zu spät zu irgendwelchen Terminen, weil ich beim Melken so entsetzlich herumtrödele. Mein Mitarbeiter sei viel schneller, zack, und das Melken sei fertig, während es bei mir immer locker zwei Stunden und mehr dauere. Und dann sei es immer so furchtbar, dass wir im Theater immer als letzte kämen, kurz vor Beginn der Vorstellung, aber wir haben die guten Plätze in der Mitte, alle müssen wegen uns aufstehen, und sag mal, hast du eigentlich geduscht? Nee, wieso? Was heißt hier: Nee, wieso?

Also, erstmal ist es ein verdammtes Gerücht, dass wir ständig zu spät kommen. Das stimmt einfach nicht. In der Regel kommen wir „just in time“. Das ist englisch und modern; die ganze Welt redet davon, aber wir haben es immer schon so gemacht. Und das ist einfach praktisch. Wenn ich beispielsweise auf Lesetour bin und komme am Auftrittsort schon eine halbe Stunde früher an, dann stehe ich da rum, die Leute gucken mich erwartungsfroh an, aber ich darf noch nicht anfangen und muss mich zwingen, nicht aus purer Langeweile in der Nase zu bohren. Wie viel besser ist es da, mit einer Minute Verspätung rein zu rauschen, die blassen Veranstalter beiseite zu schubsen und loszulegen. Das nenne ich einen gelungenen Auftritt.

Aber zurück zum Melken. Nun, ich melke einfach gern. Und warum sollte ich etwas, das ich gerne tue, bedingungslos beschleunigen? Die Leute spielen ja auch nicht nur 45 Minuten Fußball, weil sie es so sehr mögen. Nein, sie kosten die ganzen 90 Minuten aus. Was wäre das auch für eine Logik, dass wir ausgerechnet das, was wir gern tun, in der Dauer verkürzen? Ist Sex deswegen so kurz? Und so selten?

Schon wieder schweife ich ab. „Im Melkstand" heißt der Text, und ich schreibe von Fußball und Sex. Naja, ich bin auch nur ein Mann. Wie auch immer: Kaffee im Melkstand gehört einfach dazu. Seit ein paar Monaten auch das Radio. Ich stelle die Melkmaschine an, mache alles fertig, schenke Kaffee ein, der Kaffeeduft vermischt sich mit all den anderen Gerüchen hier, und im Radio läuft NDR 1 Welle Nord, ein Sender, den ich früher meinen Kindern gegenüber als „Oma-Opa-Radio" zu bezeichnen pflegte, den ich inzwischen aber sehr gerne höre. Sollte mir das zu denken geben? Nein, nein, alles gut, die Kühe hören das einfach gerne. Ihr Lieblingslied heißt „No milk today". Von Herman`s Hermits. Was für ein bescheuerter Name für eine Band.

Dann kommen die ersten Kühe rein. Ich setze sie an; weiß fließt die Milch in die Messpokale; die Pulsatoren der Melkmaschine unterlegen die Musik mit einem gleichmäßigen Beat, und alles ist gut. Langsam wird es warm; die Kühe dösen und käuen wieder, und oft wünsche ich, auch ich könnte so dösen und wiederkäuen; es wirkt wie eine höhere Form der Entspannung, etwas ganz Großes, das komplizierte Dinge plötzlich ganz einfach erscheinen lässt. Immanuel Kant zum Beispiel, der alte Miesepeter, der saß dort in Königsberg in seiner Schreibstube und hat jahrelang auf der Formulierung seines ziemlich überschätzten Kategorischen Imperativs herumgekaut: „Handle so, dass die Maxime deines Willens jederzeit zugleich als Prinzip einer allgemeinen Gesetzgebung gelten könnte." Und das ist schon die Zusammenfassung fürs Lexikon; der Macker hat ein ganzes Buch darüber geschrieben, und verstanden hat es keine Sau. Hätte Kant ab und zu gemolken, wäre wahrscheinlich etwas Handfesteres dabei herausgekommen. Etwas wie: „Sei kein Arschloch!" oder so. Das versteht man wenigstens.

Übrigens sind die zehn Kühe im Melkstand und ich als ihr Melker selten alleine. Meist kommt eine der noch nicht gemolkenen Kühe dazu, stellt sich in die schmale Mitteltür des Melkstandes und sieht beim Melken zu, nicht kritisch, als sei sie vom TÜV oder wie der tierische Überwachungsverein auch immer abgekürzt zu werden beliebt, sondern so, als wolle sie auch den Kaffeeduft und die Musik aus dem Radio genießen. Deswegen sind immer beide Ohren mit im Melkstand, und im Takt der Musik käut sie wieder. Manchmal versuchen sogar zwei Kühe gleichzeitig, ihre Köpfe durch die Tür zu stecken, aber das ist wirklich zu eng. Und dann stehe ich da und gucke meinen Kühen beim Zugucken zu; manchmal gehe ich dann hin und kraule ihnen den Kopf, hinter den Ohren, wo sie selbst nicht hinkommen; viele genießen das, recken genüsslich den Hals und rülpsen wohlig, und ach ja, vielleicht sollte ich bei Gelegenheit mal die Melkmaschine abnehmen, die Kühe aus dem Melkstand rauslassen und die nächsten zehn reinholen, was für ein Stress. Darauf einen Kaffee, und hört mal, „What is love?“, das war ein Hit, da war ich jung, sechzehn Jahre alt, und fast, um ein Haar, hätte ich Dörte aufgerissen, damals beim Grillfest in Damsdorf, oder hätte sie mich aufgerissen, wie war das noch?

Ehrlich, ich habe keine Ahnung, keinen blassen Schimmer, warum es immer so lange dauert, wenn ich melke. Ich tu mein Bestes, damit ich fertig werde. Just in time. Irgendwann.

Rundballengedanken

Aus dem Zugfenster blickend
sehe ich nun
mitten im Winter
Heurundballen auf einer Wiese

sie liegen verstreut
genau da
wo sie im Sommer
von der Rundballenpresse abgelegt wurden

von weitem sieht es aus
als habe das Kind eines Riesen
mit runden Bauklötzen gespielt
dann die Lust verloren und
das Aufräumen vergessen

Gören
denke ich
sie sind doch alle gleich

nun liegen die Rundballen
teilweise in großen Pfützen herum und
saugen die Feuchtigkeit
in sich hinein

was für ein Jammer

kaum etwas
sieht so unendlich traurig aus
wie vergessenes Heu
auf einer Wiese im Winter

was ist mit dem Bauern
frage ich mich
warum holt er sein Heu nicht zum Hof

da stimmt etwas nicht

ob er wohl gestorben ist
oder faul
oder pleite
oder depressiv
oder einfach nur verzweifelt

ich weiß es nicht
aber während ich noch drüber nachdenke
fährt der Zug an einem Laden vorbei
über dessen Eingang ein riesiges Schild verkündet
ALLE WERDEN GLÜCKLICH

als ob
denke ich

als ob

Keine Heimat ohne Liebe

Wenn ich über etwas nachdenken oder nachfühlen will, dann tu ich das am liebsten während des Melkens. Ich bin mir sicher: Hätte ich das Melken nicht, ich hätte wahrscheinlich seit nunmehr achtzehn Jahren – solange bin ich nun Milchbauer – keinen klaren Gedanken und kein klares Gefühl mehr gehabt. Manchmal empfinde ich das Melken als eine einzige zweistündige Meditation, die den großen Vorteil hat, dass ich dabei etwas Produktives zu erledigen habe und also nicht nutzlos in der Gegend herumsitze. Das kommt meinem milchbäuerlichen Arbeitsethos sehr entgegen. Und wenn ich erst im Melkstand angekommen bin, wenn die Kühe dort stehen und so unendlich gelassen wiederkäuen, wenn das rhythmische Geklacker der Pulsatoren den Raum erfüllt, dann spüre ich oft, wie meine Seele plötzlich frei wird und ich zu denken und zu fühlen beginne.

Über Heimat wollte ich denken und fühlen. Wie ich schnell feststellen musste, reichte eine Melkzeit dafür nicht aus, und über Tage fielen mir beim Melken immer wieder neue Aspekte ein und/oder auf. Zunächst war da natürlich die Landschaft. Die Landschaft meiner Heimat – der Kreis Plön mit seinen Seen, seinen flachen Hügeln, seinen Knicks und seiner aktuell bedrohten, fragilen Balance aus Acker- und Grünland. Und über allem der weite norddeutsche Himmel. Irgendwo habe ich mal gelesen, dass diese und ähnliche

Landschaften – freie Felder, weite Horizonte und ein gewisser Anteil von einzelnen Bäumen – vielen Menschen am besten gefallen, angeblich, weil dort, wo die Menschen entstanden seien, irgendwo in Afrika, genau eine solche Steppenlandschaft vorherrsche, und mit all jenen Parks, die Menschen anlegten, versuchten sie doch nur, eine Landschaft zu formen, die dieser Szenerie ihres Ursprungs gliche. Ich weiß nicht, ob das nur blödes Anthropologengewäsch ist, aber für mich scheint es zu stimmen. Ich mag weite, liebevoll verlotterte Parks; ich mag die Vielfalt der holsteinischen Landschaft; ich mag es, über krause Wasserflächen auf das Ufer der anderen Seeseite zu gucken, und ich liebe es, meine Kühe im Sommer auf dem Hügel hinterm Hof vor dem roten Abendhimmel grasen zu sehen. Und so sehr ich auch andere Landschaften genießen kann, im Urlaub, auf Reisen, meinetwegen auch Berge und so Kram, heimisch fühlen kann ich mich nur dort, wo die Landschaft aussieht wie ein liebevoll verlotterter Park. Dieses Heimatgefühl ist aber nicht auf den Kreis Plön und seine Landschaft beschränkt. Nein, es fasst mir ans Herz, sobald ich eine ähnliche Landschaft sehe, die ich wiedererkenne, und ich bilde mir ein, sie wiederzuerkennen, weil sie bereits da ist, in mir, als Grundmuster dessen, was in mir als Heimat angelegt ist. Das würde erklären, warum ich mich sofort so unglaublich wohl fühlte, als ich zum ersten Mal die Weidelandschaften Südschwedens erlebte. Hier bin ich auch zuhause, habe ich gedacht, und ich habe das Lächeln nicht mehr aus dem Gesicht gekriegt.

Aber Heimat ist nicht nur Landschaft. Es gehört noch

viel mehr dazu. Für mich sind das zum Beispiel Kühe auf der Weide. Als ich vor vierzehn Jahren in den USA war, in Wisconsin, fand ich dort eigentlich eine Landschaft vor, die meiner Heimatlandschaft nicht unähnlich ist, alles eben nur größer, weiter, fetter, amerikanischer eben. Und doch stellte sich das Heimatgefühl nicht ein. Erst nach Tagen stellte ich fest, woran das lag: Keine Kühe auf der Weide. In acht Tagen Wisconsin, immerhin „America`s Dairy State", sah ich zwar quadratkilometerweise Gentech-Mais und Gentech-Soja, aber nicht eine Kuh auf der Weide, und ich dachte: Die spinnen, die Amis. Und jetzt fangen sie hier auch damit an, die Kühe im Stall zu lassen. Es ist ein Scheißdreck, ehrlich, und es macht mir mein Heimatgefühl kaputt. Aber das wird denen egal sein. Sie haben vergessen, wie schön es ist, wenn die Kühe nach dem Winter wieder auf die Weide kommen und vor Freude tanzen. Sie freuen sich nicht mehr mit ihren Kühen, und darüber geht ihnen die Empathie flöten. In diesem fatalen Moment wird die Kuh von der Mitarbeiterin zum Produktionsfaktor. Und die Bauern wissen nichts davon. Sie haben es ja vergessen. Deshalb halten sie die Kühe im Stall, das ganze Jahr lang, und glauben, das sei gut. Modern. Effizient. Hygienisch. Ökonomisch. Rentabel. Doch es ist ein Scheißdreck. Aber das nur am Rande.

Fehlen zum Heimatgefühl noch die Menschen. Und da bin ich wirklich froh, im Norden zu wohnen. Es ist ein Klischee, aber es stimmt: Die Norddeutschen sind keine Labertaschen. Sie können einem zwar auf die Nerven gehen mit ihrer Sturheit, ihren Dickköpfen und ihrer gelegentlichen Grobschlächtigkeit, man kann sich wunderbar aufregen über sie, wenn sie beispielsweise aufhören, ihre Kühe auf die Weide zu lassen, aber wenigstens quatschen sie dir keine Blase ans Ohr. Und meist – naja, manchmal – haben sie das Herz am rechten Fleck. Wer jemals einen erwachsenen Bauern, einen Mann wie ein Baum, mit Händen groß wie Klodeckel, hemmungslos hat weinen sehen, weil sein Hund gestorben ist, der weiß, was ich meine. So sind wir Norddeutschen, denke ich manchmal: große, weinende Männer. Oder auch große, weinende Frauen. Unser manchmal fieser Humor kommt aus einer Art Grundtraurigkeit. Wir sind keine Frohnaturen, und glaubte ich an Gott, ich würde ihm dafür danken. Wir wissen, dass nach dem hellen Sommer der dunkle Winter kommt, aber wir wissen auch, dass darauf wieder der helle Sommer folgt. Und in genau diesem Wissen wurschteln wir uns durch, stets bereit für das plötzliche Glück, aber niemals auf der Suche danach.

Bleibt noch die Sprache. Und damit meine ich noch nicht einmal unbedingt das Plattdeutsche, das zu meiner Heimat gehört wie der weite Himmel. Sicher, immer, wenn ich Plattdeutsch höre und spreche, freue ich mich, aber leider ist das Platt weitgehend aus dem norddeutschen Alltag verschwunden, und alle Versuche, es wieder zu beleben, erscheinen aussichtslos. Trotzdem bleibt – auch wenn wir Hochdeutsch sprechen – die norddeutsche Sprachmelodie, dieses breite, flache, gemächliche Gegrummel. Niemals werde ich vergessen, wie ich einst am Ende eines Familienurlaubs auf Lanzarote im Flughafengebäude saß. Der Rest der Familie trieb sich in den Duty-Free-Shops herum, während ich auf einer Bank saß und aufs Handgepäck aufpasste. Der Kopf qualmte mir, weil wir auf dem Weg vom Hotel zum Flughafen im Bus neben einer Gruppe von Animateuren gesessen hatten, die abgelöst worden waren und sich auf der Heimreise befanden. Ihr gnadenlos gutgelauntes, rheinisch gefärbtes Animateursgeseier war mir tierisch auf den Senkel gegangen, und sie hatten einfach nicht, niemals auch nur eine Sekunde lang, die Klappe gehalten. Innerlich war ich sehr aggressiv geworden, und jetzt genoss ich die relative Ruhe, mitten im Flughafen. Und dann gingen zwei Jungs an meiner Bank vorbei, zwei Brüder, einer groß, einer klein, so wie mein Bruder und ich früher, nur dass wir niemals im Urlaub waren mit unseren Eltern, der Hof, der Hof hieß es immer, wir können nicht weg, und irgendwann fuhren wir allein, ohne einander und auch ohne unsere Eltern, wir hätten sie auch nicht mit uns haben wollen, irgendwann schließt sich das Zeitfenster eben, die Jungs jedenfalls gingen an meiner Bank vorbei, offensichtlich auf der Suche nach einem Klo, und der große sagte zum kleinen in breitestem Norddeutsch: „Komm, Lüdder, wir müssen hier längs!" Mehr nicht. Und ich lächelte, schaute ihnen nach und dachte: „Ach, Heimat." Und schon hatte ich die bekloppten Animateure zwar nicht vergessen, aber sie wurden wunderbar unwichtig, und ich freute mich darüber, wie gut das menschliche Gehirn manchmal funktioniert. Wenn das Unwichtige unwichtig bleibt, hat man schon halb gewonnen.

Schließlich die Liebe. Alles ist nichts ohne Liebe. Klingt wie der Titel eines romantischen Fernsehfilms fürs ältere Publikum, im ZDF vielleicht, ist aber die

Wahrheit. Erst in den Armen meiner Liebsten ist alles gut, und nichts, was ich sagen kann, beschreibt ausreichend das riesig große Gefühl, das mich dort umfängt. Nicht immer, aber manchmal. Und manchmal reicht. Keine Heimat ohne Liebe.

Herbstbestellung (1)

Schnell bin ich nicht und
oft krieg ich den Arsch nicht hoch
aber in diesem Herbst habe ich es geschafft
am dritten November
Winterweizen zu bestellen
eins komma sechs Hektar
mein kleinster Ackerschlag

es war so neblig
wenn ich auf dem Vorgewende losfuhr
konnte ich das andere Ende
der Koppel nicht sehen

jetzt weiß ich
wie Großagrarier sich fühlen
auf ihren endlosen Schlägen

Herbstbestellung (2)

Als ich auf dem Weg zum Acker
mit Trecker und Drillkarre
noch kurz bei Mudder vorbei fuhr
sagte sie

denk an deinen Vater und
vergiss nicht zu beten
nach der Aussaat

ich erinnerte mich
wie Vadder nach getaner Arbeit
immer am Feldrand gestanden hatte
den Hut in der Hand
den Kopf geneigt
murmelnd

die Geste gefiel mir
aber ich glaube an keinen Gott

also stand ich einfach nur
am Feldrand
nach getaner Arbeit
genoss die Stille
und fühlte mich klein

vielleicht hilft es ja

In Mudders Küche, kurz vor Weihnachten

Zu sagen, dass es warm war, wäre eine grandiose Untertreibung. Nein, es war heiß. Zwar hatten wir damals noch keine Einbauküche, und im Fußboden war noch keine Heizung unter den Fliesen. Dennoch war es in Mudders Küche eigentlich immer so heiß, dass man als Kind von ganz allein rote Bäckchen bekam. Das lag an Mudder. Und an dem kleinen Beistellherd, der in der Ecke neben dem Schornstein stand. Der wurde an jedem Tag angefeuert und erfüllte verschiedene Funktionen. Er heizte den Raum und, da die Tür zum Flur immer offen stand, das halbe Haus gleich mit. Mudder nutzte ihn, neben dem Elektroherd, als zusätzliche Kochstelle. Und er diente als kleine, dezentrale Müllverbrennungsanlage, in der alles, was Mudder auch nur im Entferntesten für brennbar hielt, einer thermischen Verwertung zugeführt wurde. Es waren nun einmal die Zeiten lange vor Einführung des Grünen Punktes und der Gelben Säcke, und alles, was Plastikverpackung war, endete nicht etwa im Hausmüll, nein, es landete blitzschnell zusammenschmelzend, mit bunten Flammen verbrennend im Beistellherd und hielt oben auf der Kochplatte den Kessel mit dem Wasser heiß, damit jederzeit Kaffee, Tee oder Grog zubereitet werden konnte.

Wenn ich an Mudder denke, wie sie war, in meiner Kindheit, dann frage ich mich oft, woher sie die Energie nahm. Immer war sie in Bewegung; immer war sie am Arbeiten, wenn nicht im Stall, dann in der Küche. Und alles schien sie mit großer Begeisterung zu tun. Kühe, Schweine und Hühner reichten ihr nicht; sie schaffte sich auch noch Gänse an, die gemästet, geschlachtet und gerupft werden mussten, und natürlich wurden die Federn zu Federbettdecken verarbeitet, von denen wir heute etwa siebenundvierzig Stück im Haus haben, so dick und groß und schwer, dass man sich nicht mehr bewegen kann, wenn man einmal darunter liegt. Einmal bekam Mudder ein Flaschenlamm geschenkt, das sie in unserer Küche aufzog und das ihr später auf Schritt und Tritt überall hin folgte und, sobald Mudder es draußen allein ließ, irgend einen Scheiß anstellte, auch später noch, als ausgewachsenes Schaf. Und in der Küche war Mudder oft den ganzen Tag, bis spät in den Abend hinein, mit der Zubereitung von Essen beschäftigt, nicht selten, ohne sich über die Verwertung der hergestellten Lebensmittel zuvor besonders viele Gedanken gemacht zu haben. Manchmal glaube ich, Mudder konnte einfach nicht stillsitzen. Wäre sie heute ein Kind, man würde sie hyperaktiv nennen und ihr Ritalin oder andere Psychopharmaka geben. Und tatsächlich denke ich immer wieder mal, dass Mudder sich damals in einer einzigen, langen, manischen Phase befand, nur, dass nicht abzusehen war, dass auf diese Zeit des Hochs eine Depression folgen sollte. Die kam erst später, als Mudder 48 war und ihr geliebter älterer Bruder Kalli mit 52 an Krebs starb. Dieser Tod riss ihr den Boden unter den Füßen weg, und erst Jahre danach fasste sie wieder festen Tritt, bis zum nächsten Schicksalsschlag. So ging es auf und ab, aber niemals wieder würde Mudder so sein wie vor Kallis Tod. Logisch eigentlich, aber für viele nicht leicht zu verstehen. Sie wollten die alte Thea zurück. Aber die gab es nicht mehr.

Besonders in der Vorweihnachtszeit drehte Mudder richtig auf, was ihre Aktivität in der Küche anbetrifft. Ständig war der Backofen heiß und in Betrieb. Erstaunlich war, dass sie niemals irgend etwas nach Rezept zubereitete. Alles hatte sie „im Gefühl", und auch mündlich war sie außerstande zu erklären, wie viel wovon sie wie zusammenrühren musste, damit ein Teig gelang. Den Blätterteig für ihr legendäres gefülltes Gebäck, das einfach „Blätterteig" hieß, knetete sie oft bei einem Rundgang durch den Stall, und manchmal hatte ich den Eindruck, ihre Hände waren niemals sonst so sauber wie nach dem Kneten des Blätterteiges. Ihre Plätzchen, die sie vor Weihnachten in rauen Mengen zu backen und dosenweise an gute Freunde zu verschenken pflegte, galten als „Theas Plätten" in unserer Gegend als eine Art Regionalwährung, die man gegen andere Güter oder Dienstleistungen eintauschen oder als Schmiergeld nutzen konnte, vielleicht ja auch, um 1978 die kreisweite Pferdeleistungsschau, um deren Ausrichtung sich verschiedene Reitvereine beworben hatten, nach Stolpe, ausgerechnet nach Stolpe zu holen. Und nachdem Mudder sich Mitte der siebziger Jahre eine Friteuse angeschafft hatte, erweiterte sie ihr Repertoire an Backwaren um ein auffällig geformtes, gezuckertes Schmalzgebäck, das, je nach Größe, entweder „Nonnenfötzchen" oder einfach „Nonnenfotzen" genannt wurde, ungeachtet der Kinder, die vielleicht gerade im Raum waren. Warum auch sollte ein Gebäck für Erwachsene und Kinder unterschiedliche Namen haben. Für mich als Grundschulkind war „Nonnenfötzchen“ nichts als ein Name für ein Gebäck. Es gab Bienenstich, es gab Butterkuchen, es gab Nonnenfötzchen. Es war nichts dabei.

Das konnte, je nachdem, wie derbe und bäuerlich die Leute waren, die am Tisch saßen, durchaus für Irritationen sorgen. Ich weiß nicht, wie oft wir mit der Familie mit irgendwelchen Leuten am adventlich geschmückten Esstisch in der Küche saßen, um Kaffee zu trinken. Vor Weihnachten kamen damals ganze Legionen von Vertretern, mit denen meine Eltern geschäftlich zu tun hatten, mit kleinen Weihnachtsgeschenken vorbei, zufälligerweise immer ausgerechnet bei uns aber genau zur Kaffeezeit, und dann saßen wir, manchmal mit mehreren Außendienstmitarbeitern konkurrierender Firmen, gemeinsam am Tisch; die Kerzen auf dem Adventskranz brannten. Es duftete nach Tannenzweigen, Gebäck, Kaffee und Grog; die Männer schnackten klug und rauchten manchmal noch genüsslich eine von Mudders Besucherzigaretten, meist Lux, Lord Extra oder Ernte 23; mein Bruder und ich fraßen Kuchen und Plätten und Nonnenfötzchen, und Mudder wirbelte herum und saß niemals still und war immer in Bewegung, und alles schien so selbstverständlich und so echt, als könne es niemals anders sein. Und wenn dann ein etwa neunjähriger Junge in ein plötzliches Schweigen hinein mit den Worten „Na, Herr Raiffeisen, noch ein Nonnenfötzchen?“ den Kuchenteller herumreichte, sorgte das entweder für Gelächter oder peinlich berührtes Schweigen. Ich habe damals beides nicht verstanden, aber eins weiß ich: Ich würde gern mal wieder eins von Mudders Nonnenfötzchen essen, heute, hier, nach all den Jahren. Ich habe lange nicht an sie gedacht; fast hätte ich sie vergessen. Aber auch nur fast.

Beim Küheholen

vorne fressend
hinten scheißend
langsam
über die Weide schreitend

sie sind wie die Rechtspopulisten
im EU-Parlament
dachte ich neulich

die leben auch nicht schlecht
von dem
worauf sie scheißen

es gibt aber Unterschiede

meine Kühe
mag ich lieber

Unsere Herde

(2016)

Es ist eine Binsenweisheit, aber es stimmt: Alles verändert sich. Nichts bleibt gleich. Beständig ist nur der Wechsel.

Und weil das für alles gilt, betrifft das natürlich auch meine Kuhherde. Seit nunmehr achtzehn Jahren, seit 1998, bin ich der verantwortliche Züchter, und all mein Handeln als Züchter hat, neben vielen anderen Einflüssen, und sei es Glück oder Pech, das Gesicht und den Charakter meiner Herde mitgeprägt. Ohne mich sähe sie jetzt anders aus, ganz anders vielleicht, weil ein anderer an meiner Stelle andere Entscheidungen getroffen hätte. Vielleicht wäre sie gar nicht mehr da, aufgelöst vielleicht, aufgegangen in anderen Kuhherden oder geendet am Schlachtband eines industriellen Schlachthofes, von einem Viehhändler aufgekauft an einem bitteren Tag, an dem meine Eltern entschieden hätten: Das war es jetzt. Wir haben keinen Nachfolger. Wir sind alt und krank und schwach. Wir können nicht mehr. Nun ist Schluss. Und mit Tränen in den Augen, die ihnen dann langsam die Wangen hinunter liefen, hätten sie auf dem Hof gestanden und den LKWs nachgeblickt, auf denen ihr bölkendes Leben der Schlachtung entgegen gefahren wäre. Und um die hundert Jahre Stührwoldtsche Rinderzuchtarbeit – wobei es in unserem Falle stets immer eher ein Zucht-Laissez-Faire war – wäre verloren gewesen, perdu, für den Arsch.

Seit 1911 hält meine Familie Milchkühe. Damals hatten meine Urgroßmutter, deren Mann, mein Uropa, verstorben war, und ihr zweiter Mann, der Bruder meines Uropas, ihr vorheriger Schwager, also mein Urgroßonkel, dessen Frau verstorben war, geheiratet, ihre elf plus seine fünf Kinder zu einer Patchworkfamilie zusammengeschmissen und ein weiteres, gemeinsames Kind bekommen. Mit einem unverheirateten dritten Bruder packten sie ihr Geld zusammen und kauften den elf Hektar großen Hof Seeland auf dem Kielerkamp, auf dem sie auch einige Milchkühe hielten, und wenn ich mir vorstelle, dass irgendwo in meiner Kuhherde heute noch Kühe stehen, die verwandt sind mit denen vor einhundertundfünf Jahren, dann werde ich stolz und froh und glücklich und sentimental.

In den dreißiger Jahren des zwanzigsten Jahrhunderts übernahmen meine Großeltern den Hof, und sie hielten weiter Milchkühe. 1962 übergaben sie den Betrieb an meine Eltern, die 1965 in gut zwei Kilometern Entfernung einen Hof übernahmen, der auf Leibrente zu verkaufen war. Auch hier gab es Milchkühe, eine Herde schlanker Jerseys, und wie zuvor meine Uroma und mein Urgroßonkel ihre Familien zusammengeschmissen hatten, so warfen meine Eltern nun die Milchkühe der beiden Herden zusammen und machten das Beste draus. Milchkühe eben.

Von nun an bestimmten meine Eltern die Zucht. Es wurde eine bunte Herde; denn Mudder wollte es so. Sie wollte nicht nur schwarzbunte Kühe halten; das war ihr immer schon zu langweilig gewesen. Wahrscheinlich ist Mudder die einzige Bäuerin, die jemals ein Charolais-Schwarzbunt-Kreuzungskuhkalb großgezogen hat, um es decken und abkalben zu lassen und anschließend anzumelken. So waren wir die einzigen Bauern weit und breit, die eine graufellige Charolais-Schwarzbunt-Kreuzungsmilchkuh im Stall stehen hatten. Das Tier hatte einen Wahnsinnsarsch, Milch jedoch gab sie so gut wie gar nicht, aber sie war Mudders Liebling; denn wie ein Köter lief sie Mudder hinterher, und als sie zum Schlachter ging, einige Jahre später nach fünf Laktationen grandioser Milchleistungsminusrekorde, da hat sie wenigstens noch ordentlich Geld eingebracht; denn Fleisch, das hatte sie.

Aber eine Charolais-Schwarzbunt-Kreuzung als Milchkuh war selbst in der bunten Herde meiner Eltern die absolute Ausnahme. Bevor wir im Jahr 1990 einen Laufstall für rund fünfzig Kühe bauten, hielten meine Eltern immer etwa vierzig Milchkühe in zwei Anbindeställen auf dem Hof. Unter diesen vierzig Milchkühen waren in der Regel dreißig Schwarzbunte, fünf Rotbunte, drei Angeliter und zwei Jerseys. Und nur für die Rotbunten, die Angeliter und die Jerseys kam der Besamer mit dem jeweiligen Sperma, damit diese Kühe auch wieder rotbunte, Angeliter oder Jersey Kälber bekamen, aber für die Schwarzbunten hatten wir immer einen Deckbullen, den meine Eltern in der Regel auf Zuchtviehauktionen in den Neumünsteraner Holstenhallen kauften. Diese geschorenen, frisierten, gefärbten und gepflegten Lackaffen von Bullen wuchsen auf unserem Hof nicht selten zu missgelaunten Zwanzig-Zentner-Kolossen heran, die auch mal richtig gefährlich werden konnten, nicht nur für die Kühe, die während des Deckvorganges unter dem Gewicht zusammenzubrechen drohten, sondern auch für uns Menschen, die vom Bullen regelmäßig von der Weide vertrieben wurden. Ich erinnere mich, dass selbst mein Vater einmal nur knapp mit dem Leben davon gekommen war. Zu der Zeit hatten wir einen Bullen, der jeden angriff, und nur Vadder allein ging die Kühe holen, bewaffnet mit einem Stock, um den Bullen, der über seine Herde wachte, in Schach zu halten. Eines Abends aber war dieser Stock nicht mehr Abschreckung genug, und Vadder floh vor dem Bullen in Richtung Elektrozaun. Kurz vor dem Zaun erwischte der Bulle Vadder und schleuderte ihn mit einem Stoß seines riesigen Kopfes über den Elektrozaun hinweg auf die andere Seite der Koppel. Nun wollte der Bulle Vadder eigentlich den Rest geben, aber vor dem Elektrozaun hatte er Respekt. Also lag Vadder im Gras, ironischerweise vom Bullen selbst vor dem Bullen gerettet, mit blauen Flecken am Arsch und an der Brust. Am nächsten Tag wurde der Bulle geschlachtet.

Tja, und nun liegt das Wohl der Herde in meiner Hand. Der Familientradition folgend, kultiviere ich die Laissez-Faire-Zucht meiner Vorfahren, ohne Zuchtbullen allerdings, den ich abschaffte, nachdem auch ich nur knapp einen Angriff unseres Bullen überlebt hatte. Auch er wurde am Tag darauf verkauft, zum Schlachten, und seitdem kommt Rindersperma nur noch tiefgefroren zu uns auf den Hof, im Auto des Besamungstechnikers. Und von Mudders Hang zur bunten Herde habe ich auch etwas abbekommen; denn außer dem genetisch hornlosen Schwarzbuntbullen, den ich zur

Zeit einsetze, weil ich hornlose Kühe haben will, ohne sie enthornen zu müssen, entscheide ich mich, je nach Lust, Laune und der zu besamenden Kuh, um die es geht, auch mal für exotischere Rassen. So habe ich vor Jahren eine typisch Stührwoldtsche Wiesenmischung aus Schwarzbunt, Angeliter und Jersey mit einem Pinzgauer besamen lassen, und Obelix, das weißgetupfte, ansonsten fast schwarze Produkt dieser Tiefkühlromanze, ist die langmütigste, zutraulichste Kuh im Stall. Man kann nicht durch den Stall gehen, ohne dass sie sich in den Weg stellt, um sich ihr Quantum Streicheleinheiten abzuholen. Wäre sie eine Katze, sie würde dauerschnurren, während sie sich den Händen des Streichlers entgegenreckt.

Seit ich Schwarzer – noch so eine Wiesenmischung – vor einigen Jahren schlachten ließ – im biblischen Alter von achtzehn Jahren – lebt auf meinem Hof keine Kuh mehr, die ich 1998 von meinen Eltern übernahm. Aber überall sind ihre Nachfahren, und Donner, eine von Schwarzers Töchtern, ist nun die älteste Kuh im Stall, inzwischen fast vierzehn Jahre alt. Und immer noch ziemlich fit; denn ebenso wie einst ihre Mutter hält sie nichts davon, sich mit einer hohen Milchleistung auszubrennen. 5800 Liter im Jahr müssen reichen, meint sie, und ihr Bauer sieht das genauso, solange sie immer wieder trächtig wird, gut laufen kann und den Tierarzt nur von weitem kennt. Nun ja, sie kennt ihn auch aus der Nähe, weil er ihr einmal im Jahr eine Blutprobe abnehmen muss, aber da kann sie ja nichts für, sondern höchstens der Kreisveterinär. Oder das Land. Oder der Bund. Oder die EU. Oder wer auch immer, scheißegal, sie hat sich fast daran gewöhnt.

Heute bemühe ich mich, meine Kühe immer älter werden zu lassen, weil ich selbst festgestellt habe, dass mir die alten Tiere im Laufe der Zeit immer fester ans Herz wachsen. Man lebt zusammen, man kennt sich, und die Weiden um unseren Hof sind ihnen ebenso Heimat wie mir. Meine Herde – sie ist bestimmt nichts Besonderes im Sinne von hoher Leistung und toller Rentabilität, und es ist unwahrscheinlich, dass andere Bauern kommen würden, um mir Tiere abzukaufen, wenn, dann wahrscheinlich nur, um die Gene meiner Kühe einzukreuzen, um so die Milchleistung zu senken; denn schließlich sind hohe Milchleistungen ein Grund für die Überproduktion und den Milchpreisverfall. Hätten alle Leute Kühe wie ich – von Überschüssen wäre keine Rede mehr, und der Milchpreis wäre wohl um einiges höher.

Aber im Ernst: Meine Herde mag gewöhnlich sein, unterdurchschnittlich leistungsbereit und weit entfernt davon, bei Zuchttierschauen Preise abzuräumen, und um einmal eine Kuh mit 100.000 Litern Lebensleistung zu haben, müsste ich sie bei der derzeitigen Durchschnittsleistung 16,26545 Jahre melken. Aber meine Herde ist die einzige, die ich habe. Sie ist auf unserem Hof ebenso zuhause wie ich es bin, und wahrscheinlich konnte sie auf unserem Hof, mit unserem Stall, unseren Weiden, dem Sumpf im Depenauer Moor und mir als Bauern nur genauso werden, wie sie jetzt ist. Und – was soll ich sagen – sie ist genau richtig so. Sie passt zu mir wie Arsch auf Eimer.

Es gibt nichts Traurigeres (1)

Es gibt nichts Traurigeres
als ein Maisfeld im Spätherbst

nichts als graue Stoppeln
Matsch und Fahrspuren
im dunklen Dunst des Novembers

und dann
mitten auf dem Acker
sechs hellbraun verwelkende Maispflanzen
die der Häcksler zu häckseln vergaß

auf fast jedem Maisacker sehe ich sie und
fast immer sind es sechs

es gibt nichts Traurigeres

Die Poesie des Weidegangs

Ganz ehrlich: Ich bin gerne Bauer. Was natürlich nicht bedeutet, dass ich den ganzen Tag selig lächelnd und fröhlich singend durch die Gegend tanze. Aber eines ist mal klar: Wenn es stimmt, dass Bauerneltern ihren neugeborenen Kindern als erstes einen schweren Stein auf den Bauch legen, damit diese früh das Jammern und Klagen lernen, dann haben meine Eltern das wohl vergessen. Oder der Stein war nicht schwer genug. Jedenfalls bin ich kein Bauer, der gerne klagt. Im Gegenteil. Ich bin einer, der gern davon erzählt, wie schön das Leben auf dem Bauernhof sein kann. Was nicht heißt, dass ich keine Sorgen habe. Es ist nicht einfacher geworden in den letzten Jahren, und wenn es wirtschaftlich nicht rund läuft, dann belastet mich das natürlich. Klar, ich würde gern sofort alle meine Rechnungen bezahlen können und dafür nicht erst aufs nächste Milchgeld warten müssen. Aber wem bringt es was, wenn ich darüber klage? Ich meine, welches Leben ist schon einfach? Ein Alltag ohne Sorgen ist für mich nicht vorstellbar, und überhaupt: Was täten wir, wenn alles immer supi wäre? Wenn es nichts gäbe, was besser sein könnte? Wäre das nicht schrecklich und schrecklich langweilig? Für mich klingt das eher nach Unglück als nach Glück. Glück, überhaupt, was für ein Konzept ist das? Glück als Dauerzustand, das ist doch ein Widerspruch in sich, das kann nicht funktionieren.

Schon am dritten Tage schmeckte es schal, und nichts ist schwerer zu ertragen als eine Reihe von guten Tagen. Wenn man mich fragt: Das ist ein sehr wahrer Spruch. Es gibt kein Glück. Aber es gibt glückliche Tage, Stunden, Minuten und Sekunden. Und um die geht es, ein Leben lang. Man sollte sie nicht verpassen, sie nicht unerlebt vorüberziehen lassen. Man sollte sie genießen. Einfach mal stehenbleiben. Innehalten. Gucken.

So wie ich beim Kühe holen. Ich liebe es, meine Kühe von der Weide in den Stall zu holen, um sie zu melken. Jetzt, im Sommer, von Mitte Mai bis Mitte Oktober, sind meine Kühe Tag und Nacht draußen, im Freien, auf der Weide, und ich hole sie nur zum Melken rein, einmal morgens, einmal abends. Die Weideflächen liegen direkt am Hof; in sanften Wellen schwingt sich das Grünland zu Hügeln, Kuppen und Tälern; weiß blüht der Klee, gelb der Löwenzahn, und wie schwarzbunte und rotbunte Riesenblumen sind meine Kühe dazwischen getupft. Sie sind, es ist einfach zum Heulen schön.

Zwei Mal täglich gehe ich diese Strecke. Es sind immer die gleichen zwanzig Hektar, immer die gleichen Hügel, Kuppen und Täler, sogar die gleichen Kühe. Und der gleiche Bauer, der sie holt. Jeden Tag, morgens um sieben, abends um fünf. Aber es ist niemals dasselbe. Kein Tag ist wie der zuvor, kein Morgen wie der Abend. In Wahrheit ist immer alles neu. Mit offenen Augen gehe ich übers Feld, bereit für den frischen Tag, den schönen Abend. Und was ich alles sehe und erlebe!

Unglaublich beispielsweise, wie die Blüten des Löwenzahns sich mit der Sonne drehen. Und wie sie sich schließen für die Nacht, sobald die Sonne untergeht.

Wie das taunasse Gras mir morgens durch die Gummistiefel hindurch die Füße kühlt, und wie die Spur meiner Schritte eine dunkle Linie quer über die Koppel malt. Wie die Morgensonne sich in den von den Grashalmen leckenden nächtlichen Regentropfen bricht und die Weide so in einen unwirklich schimmernden Glitzerteppich verwandelt. Der hopsende Flug und das empörte Zetern der Lerche, die mich von ihrem Gelege ablenken will, obwohl ich gar nichts von ihrem Gelege will, außer, dass es gut gedeihen möge. Die plötzliche Kühle um mich herum und ja, auch in mir, wenn ich, auf der Suche nach den Kühen, in eine dichte Nebelwand trete, und immer in diesem Augenblick der Gedanke an „The fog – Nebel des Grauens", den ich mit sechzehn sah und der mir eigentlich zu gruselig war, aber hey, ich war sechzehn, ich hatte keine Angst!

Oder der Morgendunst, der milchig überm Grase hängt und sich dort, wo die Sonne hin scheint, augenblicklich auflöst, so schnell, als sei er niemals da gewesen. Aber auch Landregen, der schlierig auf die Felder fällt, so unaufhörlich, dass die Kühe, ohne Hoffnung auf kurzfristige Wetterbesserung, ihre Hintern in den Regen drehen und die Köpfe hängen lassen, so dass ich niemals zu entscheiden vermag, ob sie nur geduldig warten, darauf, dass der Regen einstmals enden möge, oder ob sie mit dem Leben abgeschlossen haben und bereit sind für den Tod, der sie dort ereilen möge, mit den Hintern im Regen. Und wie flink das Leben dann zurückkehrt in sie, wenn der Regen vorbei ist, die Sonne durch die Wolken scheint und die Koppel dampfen lässt in der Wärme des Sommers.

Oder befreundete Kühe, die zusammen stehen und sich mit rauen Zungen das Fell abschlecken, hinter den Ohren, wo sie selbst nicht hinkommen, und ihre wechselseitige Fellpflege sieht so innig aus, dass man denken könnte, zwischen ihnen sei mehr als bloß Freundschaft. Wie sie morgens dann beisammen liegen, die Köpfe einander zugewandt, in stiller Übereinkunft mit der Welt schweigend wiederkäuen, als könne sie nichts, wirklich nichts aus der Ruhe bringen, als ginge ihnen der ganze Kosmos am breiten Arsch vorbei, und auch vom Bauern lassen sie sich nur äußerst widerwillig stören; ihre empörten Blicke sagen: „Wie, melken? Jetzt? Muss das sein? Ach nööö...", und gemächlich schwingen sie ihre massigen Körper auf, strecken sich, heben die Schwänze und scheißen große olivgrüne Fladen ins Gras, die dann dampfend im Morgenlicht liegen wie Inseln im See, nur umgekehrt. Wenn sie dann Richtung Stall trotten, ihre schweren Euter schwankend schwenkend, so dass ich immer das Winkefleisch an den Oberarmen meiner längst verstorbenen Oma vor mir sehe, wie sie mir zum Abschied winkt, mit einem Lächeln in ihrem runden, tausendfaltigen Gesicht, das immer ein wenig aussah wie ein im Keller gelagerter Apfel, Sorte Holsteiner Cox, circa Mitte Februar, nicht mehr ganz frisch, aber immer noch lecker.

Und über allem, immer und überall, der weite holsteinische Himmel, die Sonne, die ja auch immer da ist, tagsüber, bei Tageslicht, auch wenn sie sich oft versteckt, aber sie schafft es, Farben an den Himmel zu zaubern, immer neu und manchmal so verflucht kitschig, dass man sich vor einer Fototapete im Zimmer eines dreizehnjährigen Mädchens wähnen könnte, nur dass es draußen ist, in der Natur, an der frischen Luft, und während auf der A 21 neben unserem Hof die eine Schlange Autos Richtung Kiel fährt und die andere Richtung Bad Segeberg, rastlos, mit gehetzten Blicken, den Coffee-to-go von der Tanke in der Hand, sitzen die Werktätigen hinter ihren Steuern, immer bloß einer pro Blechkiste, sich aufs freie Wochenende freuend, gehe ich langsam hinter meinen Kühen her, Richtung Stall, Richtung Melkstand, auf ihren ausgetretenen Trampelpfaden, jeden Tag der gleiche Weg, jeden Tag die gleichen Schritte, so dass sich im Laufe des Herbstes eine Wellenstruktur in den Treibweg getreten hat, der einen mit dem Kopf an den Himmel des Treckers stoßen lässt, wenn man zu schnell darüber hinweg fährt, aus welchem Grunde auch immer.

Und dann plötzlich, ganz unerwartet, just bevor die Stimmung allzu meditativ wird, blicke ich auf, weil die Kühe mit einem Mal anfangen, herum zu springen, auszuschlagen, zu toben, zu tanzen und miteinander zu spielen, als seien sie wieder Kälber, für eine kurze Zeit. Und ich denke, ja, das ist das Leben, meine Kühe leben, sie leben gerne, und wenn ich da so stehe und sehe meinen Kühen beim Herumhopsen zu, dann bin ich so hundertprozentig sicher, dass meine Kühe glücklich sind, in jenem Moment, und ich überlege, ob es für sie auch so ist wie für mich: Dass es kein Glück gibt, aber glückliche Tage, Stunden, Minuten und Sekunden. Und dass sie, meine Kühe, bereit sind, es zu genießen, wann immer es soweit ist. Und ich weiß, dass es so ist. Warum in aller Welt sollten sie sonst tanzen?

Und ich stehe. Halte inne. Gucke. Und ich denke: Was für ein Idyll. Was für ein poetischer Moment. Und ich weiß, dass ich niemals darauf verzichten möchte, meinen Kühen auf der Weide zuzuschauen. Für manch einen mögen es nur dumme Kühe auf der Weide sein, ein Stück bäuerlicher Landwirtschaft, das nicht mehr in die Zeit passt, weil sich Kühe, wenn sie ganzjährig im Stall stehen, viel effizienter nutzen lassen. Aber meine Kühe sind keine Produktionsfaktoren; sie sind nicht nur effizient. Sie sind viel mehr: Sie sind liebenswert. Sie sind Heimat. Sie sind Poesie. Ich möchte sie nicht missen.

Flughafengedanken

In unserer Zeit
in diesen Tagen
gibt es nicht viel
das wirklich sicher ist

aber eins ist klar

John F. Kennedy
Charles de Gaulle
Franz Josef Strauß
John Lennon
Ben Gurion
vielleicht bald Helmut Schmidt und
irgendwann sogar Willy Brandt

kein Zweifel
wenn ein Flughafen
deinen Namen trägt
bist du definitiv
tot

Kein Zweifel

Als Vater
so heißt es immer
könne man ja nie sicher sein
ob die Kinder von einem selber sind
oder nicht vielleicht doch vom Postboten
dem Milchwagenfahrer oder
dem Besamungstechniker

was unsere fünf Gören angeht
so bin ich mir sehr sicher

vier von ihnen sehen mir so ähnlich
dass ich die Vaterschaft schwerlich leugnen kann

und Jon
der Jüngste und einzige
der ein wenig anders aussieht
stand neulich
morgens um halb sieben
in der Küche und
frühstückte genüsslich
auf nüchternen Magen
eiskaltes Chili con carne
vom Vortag

Lass mir noch was übrig!
rief ich und freute mich
denn ich wusste
der Jung hat meine Gene
kein Zweifel

Es gibt nichts Traurigeres (2)

Es gibt nichts Traurigeres
als junge Bauern
die nach der Ausbildung
um Geld zu verdienen
beim Lohnunternehmer anfangen
Straßenbau
Mulde fahren
montags bis donnerstags
von sieben bis sieben
und freitags
von sieben bis eins

sie sitzen nur noch
und sind online
montags bis donnerstags
von sieben bis sieben
und freitags
von sieben bis eins

Frühstück gibt`s von der Tanke
Snickers und Red Bull
und mittags und abends
zum Dönermann
Döner ohne Salat
stattdessen doppelt Fleisch

nach wenigen Monaten
sind ihre Körper aufgebläht und
haben alle Spannung verloren

es gibt nichts Traurigeres

Landwirtschaft – eine Sprache

Das kommt ja nicht so oft vor, aber neulich saß ich mal, zusammen mit meiner Tochter Marie, im Flugzeug. Wir hatten ein langes Wochenende in Nordwales verbracht, und nun waren wir hoch über Europa, auf dem Weg zurück von Großbritannien nach Deutschland. Ich saß am Fenster, Marie schlief neben mir auf dem Mittelplatz, und neben ihr am Gang saß ein großer, massiger Mann, rosige Gesichtshaut, Glatze, blaue Augen, mit auffällig hohen, braunen Wildlederstiefeln, in den riesigen Händen gerade die zweite Bierdose.

Ich schrieb ein wenig in meinem Tagebuch, und als ich fertig war, sprach der Hüne mich auf Englisch an. Sorry, sagte er, aber dürfe er fragen, was ich da gerade geschrieben hätte. Nun ja, sagte ich, ich hätte Tagebuch geschrieben, seit 32 Jahren schriebe ich Tagebuch. Oh, sagte er, und ob er fragen dürfe, was mein Business sei. I am a farmer, antwortete ich. Das habe er sich gedacht, sagte er, ich habe so große Hände. Und er zeigte erst auf meine – wie meine Tochter sagt – Maulwurfsschaufeln und präsentierte anschließend seine Pranken. Sie sahen ziemlich ähnlich aus, und er sagte, er sei auf einer Farm aufgewachsen, die sein Bruder übernommen habe, er sei mittlerweile Gärtner, das sei eigentlich das Gleiche. Es dauerte danach noch ungefähr zwanzig Sekunden, und wir befanden uns – über meine schlafende Tochter hinweg – mitten in einem Gespräch, wie es – da bin ich sicher – nur Bäuerinnen, Bauern und Bauernkinder miteinander führen können.

Er sagte, er sei 45 Jahre alt und nun seit einem Jahr Witwer; seine Frau habe nachts einen Herzinfarkt gehabt; er sei aufgewacht und sie habe neben ihm gelegen und nach Luft gerungen, und dann sei sie in seinen Armen gestorben. I was a mess, sagte er, aber seine Töchter, zehn und elf Jahre alt, hätten ihn gebraucht und ihm gleichzeitig Kraft gegeben. Ich verstand, was er meinte, und wir blickten uns in die Augen und waren kurz davor, gemeinsam los zu heulen. Aber dann kriegten wir – gerade noch so – die Kurve und erzählten uns davon, wie es war, auf einem Hof aufzuwachsen, zur gleichen Zeit, in unterschiedlichen Ländern, und ich hatte den Eindruck, es sei nebenan gewesen, Midlands in England, Schleswig-Holstein, so groß schien der Unterschied nicht zu sein. Und wir sprachen über unsere Trecker, über unsere Eltern und Geschwister und darüber, wie großartig das Gefühl war, wenn man es geschafft hatte, eine Ratte mit der Plattschaufel zu erlegen. Wir redeten, als seien wir seit Jahren befreundet, dabei kannten wir uns gerade einmal eine Viertelstunde. Nachdem wir gelandet waren, bevor wir unsere Karten tauschten und uns verabschiedeten, sagte ich zu ihm, das sei das Schöne daran, Bauer oder Bauernkind zu sein. Egal, wo man sei, man könne überall andere Bauern oder Bauernkinder treffen, und sofort könne man miteinander sprechen, auf einer Ebene, auf Augenhöhe, als kenne man sich schon ewig. Und er antwortete: Well, agriculture, it`s language, believe me, a language of it´s own.

Plötzlich wusste ich: Verdammt noch eins, er hat recht, wie recht er doch hat. Landwirtschaft ist eine Sprache, und nur wir Bäuerinnen, Bauern und Bauernkinder überall auf der Welt sprechen sie. Ich kann nicht nur hoch und platt und Englisch und ein bisschen Französisch und ein bisschen weniger Schwedisch, nein, ich kann auch Landwirtschaft. Und in der ganzen Welt leben Bäuerinnen, Bauern und Bauernkinder, denen ich zufällig begegnen kann, im Zug, im Flieger, wo auch immer, und wir sind nur zwei Minuten Gespräch von einer Freundschaft entfernt. Ich kann mir nicht helfen; es ist ein großartiges Gefühl. Wir erkennen uns an der Gesichtshaut. Und an den Händen, natürlich. Vor allem an den Händen. Pranken. Maulwurfsschaufeln. Klodeckel. Oder wie auch immer man diese Monsterteile nennen mag...

Leiser Zweifel

Als wir neulich
wie jedes Jahr im Januar
im Treckerkonvoi nach Berlin fuhren
um an der großen Demo
für bäuerliche Landwirtschaft und
gegen Agrarindustrie teilzunehmen
kamen wir in Brandenburg
in der Nähe des Ortes Schweinrich
an einer industriellen Tiermastanlage vorbei

acht baugleiche Ställe
am Waldrand gelegen

nach einem schnellen Blick
im Vorbeifahren tippte ich
auf Geflügelmast
denn ich sah keinen Güllepott

mit ihrer Größe
ihren Maschendraht-
und Stacheldrahtzäunen
den Überwachungskameras und
den kläffenden Kötern
stand diese Anlage
für alles
was an der Agrarindustrie abzulehnen ist
deshalb fluchte ich laut
in Richtung der Ställe

später
in Berlin
trafen wir
Hunderte anderer Bäuerinnen
und Bauern

Gleichgesinnte

zusammen
fuhren wir durch die Stadt
und waren laut
für unsere Form der Landwirtschaft
damit alle es hören

es war schön
es war gut

doch als wir am nächsten Tag
im Treckerkonvoi
wieder heim fuhren
an Schweinrich vorbei
waren die acht verdammten Mastställe
immer noch da
ebenso wie die Zäune
die Kameras und
die Wachhunde
so ein Scheiß
dachte ich

wieder einmal fluchte ich laut
in Richtung der Ställe
und fühlte mich obendrein
ein wenig hilflos

Peer in Schweden

Unser Sohn Peer, einundzwanzig Jahre alt, ist das erste unserer Kinder, das zumindest mit dem ersten Teil der Ausbildung fertig geworden ist. Nach dem Abitur hat er Landwirtschaft gelernt. Nachdem die letzte Prüfung bestanden war, ist er nach Schweden gereist. Er arbeitet dort nun auf einem Demeter-Milchviehbetrieb in Nyköping, rund hundert Kilometer südlich von Stockholm, an der schwedischen Ostküste, nicht weit von der Ostsee, direkt an einem See. Im Internet sieht man Fotos, auf denen stehen die Milchkühe des Hofes im Dunst des frühen Morgens inmitten von Birken und Erlen und grasen genüsslich vor sich hin. Sofort ertappte ich mich bei dem Wunsch, Kuh zu sein, in Schweden, und die Nase in den Wind zu halten. Der Hof wird betrieben von einer belgischen Familie aus Flandern, was den lustigen Nebeneffekt hat, dass Peer nun in Schweden weilt und Flämisch lernt. Soviel Globalisierung war selten. Aber Flämisch ist so ähnlich wie Holländisch, und Holländisch ist so ähnlich wie Plattdeutsch. Eigentlich kann man das auch so, wenn man aus Schleswig-Holstein kommt. Würde man in Holstein am Küchentisch „Mach ik de Kaas“ sagen, man bekäme auch hier wahrscheinlich den Käse gereicht.

Nun, Peer ist in Schweden, und ich muss gestehen, dass ich ein wenig neidisch bin. Erstens mag auch ich die schwedische Landschaft gern, und zweitens bin ich als junger Mann niemals weggegangen, für ein Jahr oder so, um einmal woanders zu leben und zu arbeiten. Immer dachte ich, ich müsse den Alten helfen, und zack, plötzlich hatte ich Familie und wenig später einen Hof, und es war zu spät. Manchmal denke ich, ich hätte mir die Zeit nehmen sollen, aber meistens fühle ich, dass alles gut ist, wie es ist. Trotzdem werde ich oft ein wenig wehmütig, wenn ich mit Peer telefoniere, einmal in der Woche. Er klingt so frei und so leicht, und er sieht oft Elche in freier Wildbahn! Ich war schon oft in Schweden, aber nie sah ich einen Elch! Den einzigen Elch meines Lebens sah ich in Neumünster im Tierpark, und dann auch nur seinen Arsch in hundert Meter Entfernung! Er hatte offensichtlich keinen Bock, angeglotzt zu werden, und versteckte sich hinter zwei bis vier Bäumen. Nur sein Arsch guckte raus.

Zunächst aber, am Tag nach seiner Anreise, war Peer vom Hof in Schweden nicht restlos überzeugt. Seine erste Mail lautete: „Hab nicht gut geschlafen. Mein Zimmer ist etwas gewöhnungsbedürftig." Am Tag danach schickte er ein Foto von seinem Zimmer auf dem schwedischen Bauernhof. Es ist im Kuhstall – es ist ein moderner Kuhstall, fünf Jahre alt – im Kuhstall die ehemalige Käserei des Betriebes. Als der Stall neu gebaut war, wurde dort zunächst Käse gemacht. Das Käsemachen wurde später wieder eingestellt, und die ehemalige Käserei ist nun Peers Mitarbeiterzimmer: zwei Meter hoch weiße Kacheln an den Wänden, der Fußboden aus rutschfesten Milchkammerfliesen, mit einem Gefälle zur Mitte des Raumes, in welchem ein großes Ablaufsiel darauf wartet, benutzt zu werden. Kurz gesagt: Das Wort „Gemütlichkeit“ hätte für diesen Raum nicht erfunden werden müssen. Vor meinem geistigen Auge sah ich meinen Sohn, wie er sich auf den harten Brettern des Käseregals zur Nachtruhe bettete, und fast hätte ich Mitleid mit ihm gehabt.

Am dritten Tag allerdings kam eine Entwarnungsmail. Peer schrieb: „Ich habe in meinem Zimmer im Kuhstall Internet und WLAN, acht Mal schneller als zu Hause! Ich habe alles, was ich brauche!“ Und ich dachte: Von wegen ehemalige Käserei! Das haben die doch von Anfang an als Praktikantenzimmer geplant! Ich mein: Ich kenne meinen Sohn, und ich kenne noch mehr junge Männer in dem Alter. Ich weiß, wie sein Zimmer aussah, als er nach Schweden fuhr, und ich kann mir lebhaft vorstellen, wie sein Mitarbeiterzimmer in Schweden aussehen könnte, nachdem er dort ein Jahr lang gehaust haben wird. Da sind Fliesen mit hoher Abriebfestigkeit der beste Wand- und Fußbodenbelag, den man sich vorstellen kann. Mitarbeiter raus, einmal mit dem Hochdruckreiniger durch und alles, was übrig geblieben ist, einfach durchs große Ablaufsiel in die Gülle spülen, zack, das Zimmer ist bereit für den nächsten Praktikanten, fürs nächste Jahr. Hätte man Mastschweine, man würde es die „Rein-Raus-Methode“ nennen.

Für mich ist klar: Sollte ich noch jemals einen Jahrespraktikanten aufnehmen auf meinem Hof – genau so müsste sein Zimmer sein. Und auch ich werde sagen, es sei die ehemalige Käserei. Soll mir doch einer das Gegenteil beweisen...

Kühe im Regen

Meine Kühe
sommertags
auf der Weide
im Regen

irgendwann drehen sie
am Rande der Koppel
die Ärsche ins Wetter
und die Köppe ins Gebüsch
als würde das irgendwas bringen

und der alte Bauer sagt

guck mal die Kühe
heute bleibt es
nass

Kühe in der Sonne

Meine Kühe
sommertags
auf der Weide
in der Sonne

manchmal tollen sie herum
wie die Kälber
springen und toben und
spielen miteinander
voller Übermut und
gar nicht erwachsen

es ist schön
das zu sehen
beim Küheholen
denke ich und
freu mich

Der glücklichste Mensch der Welt

(Kurz vor Weihnachten 2017)

Schon wieder neigt sich ein Jahr seinem Ende zu. Ich habe es immer für dummes Gequatsche der Alten gehalten, wenn sie erzählten, dass die Jahre, je älter man wird, desto schneller zu vergehen scheinen. Und jetzt empfinde ich es selber so. Und das dumme Gequatsche kommt nun aus meinem Mund. Neulich konnte ich mich beispielsweise nicht daran hindern, zu einer Tochter eines Freundes zu sagen: „Meine Güte, was bist du groß geworden! Ich kenn dich noch, da warst du so lütt!“ Und dann zeigte ich mit den Händen etwas ziemlich Kleines. Wahrscheinlich fange ich demnächst an, kleinen Kindern mit meinem spuckebefeuchteten Taschentuch ungefragt Krümel aus dem Mundwinkel zu wischen, wie meine Oma es bei mir zu tun pflegte. Was ich gehasst habe.

Und was war das für ein beschissenes Jahr, in vielfacher Hinsicht. Man denke bloß: Trump! Der Klimawandel ist eine Erfindung der Chinesen, um der amerikanischen Wirtschaft zu schaden. Wenn es nicht so traurig wäre – ich könnte mich schlapp lachen!

Stattdessen habe ich das Gefühl, dass der Klimawandel längst angekommen ist bei uns in Schleswig-Holstein. Seit knapp zwanzig Jahren bin ich nun Bauer, aber solch ein Jahr habe ich noch nicht erlebt. Seit 1998 hat es bei uns dreimal so stark geregnet, dass das rußige Wasser bei uns aus der Schornsteinreingungsklappe ins Badezimmer lief – zweimal davon in 2017. Jede Ernte nach dem wirklich unter guten Bedingungen eingefahrenen ersten Schnitt glich einem Diebstahl von der Koppel, um nur ja vor dem nächsten Regen das Gras unter Folie zu bekommen. Acht Hektar Dauergrünland im Depenauer Moor warten noch heute, tapfer in der großen Überschwemmung stehend, auf den zweiten Schnitt, und ich frage mich, ob mit dem Jahreswechsel aus einem sehr späten zweiten ein sehr früher erster Schnitt wird. Eine leise Hoffnung beschleicht mich, ich könnte zum ersten Mal in meiner Bauernkarriere der erste sein, der mäht! Auf Frost! Aber was war nochmal Frost?

2017 war auch ein Jahr, in welchem die hochtechnisierte Großflächenlandwirtschaft an ihre Grenzen stieß. Nach ergiebigen und heftigen Regenfällen Anfang Oktober – meine Jungtiere standen im Moor bis zum Bauch im Wasser und mussten evakuiert werden – war es den konventionellen Kollegen auf vielen Flächen unmöglich, den Silomais zu ernten – mit welcher Technik auch immer. Gefühlt stehen noch tausende Hektar Mais welk im Modder. Mein Viehhändler – der auch Jäger ist – berichtete neulich, er habe beim Ansitzen beobachtet, wie die Enten auf einem Maisacker umherschwammen und an den Kolben naschten. Sollten also die Mastbullen und die Kühe in diesem Winter auch hungern müssen: Die Wildenten werden auf alle Fälle fett!

Und trotz allem – und eingedenk der Tatsache, dass wir Bauern ja ohnehin gerne jammern – gibt es in mir ein großes Gefühl der Dankbarkeit. Und das ist nicht religiös gemeint, sondern irgendwie anders. Gewiss – ich habe mich in den letzten Jahren mehr mit Krankheit und Tod auseinandersetzen müssen, als mir lieb war. 2014 starb mein Vadder, 2016 mein Bruder, 2017 meine Mudder. Was meine Herkunfts- und Kernfamilie angeht, bin ich nun rein altersmäßig der nächste, der ins Gras beißen muss, wenn es denn – und das will ich stark hoffen – nach der Reihenfolge geht. Und mit dem Sterben meiner Eltern habe ich schnell meinen Frieden gemacht; schließlich weiß man, dass der Tag kommen wird, an dem man seine Eltern beerdigen muss. Da fiel mir der Abschied von meinem Bruder schwerer. Aber auch das war irgendwann durch. Heute denke ich zuerst mit großer Liebe an ihn und nicht mit wütender Trauer.

Als unser Sohn Peer in den ersten Tagen des Jahres 2017 schwer erkrankte – er konnte plötzlich nichts mehr essen und hatte starke Schmerzen – bekam ich einen Eindruck, was es heißt, wenn man sich um das Leben seiner Kinder sorgt. Peer kam ins Krankenhaus, und annähernd eine Woche lang hat es gedauert, bis die Ärzte festgestellt hatten, worunter er litt. Eigentlich kann ich immer und überall gut schlafen, aber in diesen Nächten lag selbst ich wach und sorgte mich. Bis eine junge Ärztin eine Zufallsdiagnose stellte und damit goldrichtig lag. Peer musste über Monate Cortison nehmen, aber heute ist alles wieder gut.

Und das ist es, was mich mit Dankbarkeit erfüllt. Es hätte auch anders kommen können. Immer und überall hätte es anders kommen können.

Was, wenn diese Ärztin beim Anblick von Peer nicht

an Purpura-Schönlein-Hennoch gedacht hätte, hervorgekramt aus irgendeinem hinteren Winkel ihres Gehirns?

Was, wenn der Golf GTI- Fahrer, der mir 1990 auf der Landesstraße bei Bordesholm in einer Linkskurve entgegenkam, nicht im letzten Augenblick aus seinem Sekundenschlaf erwacht wäre und das Steuer herumgerissen hätte, so dass wir nicht unter Verlust unserer Außenspiegel aneinander vorbei gefahren, sondern frontal zusammen gestoßen wären?

Was, wenn unsere Tochter Carla am Tage ihrer Geburt bei Birtes starken Blutungen nicht mehr mit Sauerstoff versorgt worden wäre? Was, wenn Birte verblutet wäre?

Was, wenn der Zuchtbulle, der mich angegriffen hat, nicht von mir abgelassen hätte, als mein Mitarbeiter ihm die Forke in den Hintern stieß?

Was, wenn der Zuchtbulle, der meinen Vadder angegriffen hat, ihn nicht über den Elektrozaun in Sicherheit geschleudert hätte, vor dem er dann schnaubend und schabend zum Stillstand kam?

Was, wenn es mich überhaupt nicht gegeben hätte?

Eigentlich war Friedrich, 1898 geboren, einer der zahlreichen Brüder meines Opas, als Hoferbe vorgesehen. Immer wieder wurde in der Familie erzählt, er sei in die USA ausgewandert, aber Kontakt hatte es zu ihm nie wieder gegeben. Im letzten Jahr recherchierte die Chronistin unseres Dorfes zu ausgewanderten Stolpern und fand seinen Namen tatsächlich in den Einwanderungslisten von Ellis Island vor New York. Im Oktober 1923 kam er dort an. In der Liste fehlen schon die Tütelchen bei Stührwoldt, und weitere Spuren von ihm gibt es nicht. Weiß der Geier (oder weiß er nicht), welchen Namen er sich dann bald gab, denn es gibt ja kaum Namen, die für Amis unaussprechlicher sind als Stührwoldt.

Um den Hof übernehmen zu können, hat mein Opa in den frühen dreißiger Jahren seinen älteren Bruder Friedrich für tot erklären lassen. Niemand wusste damals, wo er abgeblieben war. Nur deshalb ist mein Opa Bauer geworden. Nur deshalb war mein Vadder Bauernsohn. Nur deshalb wurde mein Vadder Bauer. Nur deshalb heiratete meine Mudder ihn; denn sie wollte einen Bauern. Nur deshalb gab es meinen Bruder. Nur deshalb gibt es mich.

Es hätte auch anders kommen können. Ist es aber nicht.

Peer war, als er krank wurde, eigentlich nur auf Weihnachtsurlaub. Er lebte für ein Jahr in Schweden auf einem Demeter-Milchviehbetrieb in Järna, sechzig Kilometer südlich von Stockholm. Aus zwei Wochen Aufenthalt in Deutschland sind zwei Monate geworden. Eigentlich hatten die Liebste und ich ihn Ende Februar besuchen wollen; nun nahmen wir ihn, von der Krankheit gezeichnet, aber genesen, mit dorthin. Mit dem Nachtzug aus Malmö kamen wir am frühen Morgen des 26. Februar an dem auf einer seltsam entrückten Hochbrücke gelegenen Bahnhof Södertälje Syd an. Als der Zug den Bahnhof verlassen hatte, war es unglaublich still und friedlich. In das orangefarbene Licht der Bahnhofslaternen getaucht, fiel zärtlich feiner Schnee, und ich wusste: Alles wird gut.

Eigentlich mache ich mir nicht viel aus Weihnachten. Aber wenn in wenigen Wochen schon wieder ein Jahr rum ist, wir heiligabends alle zusammen am Esstisch sitzen und den obligatorischen Kartoffelsalat mit Biowürstchen in uns hineinschaufeln, werde ich der glücklichste Mensch der Welt sein.

Denn es hätte auch anders kommen können. Ist es aber nicht.

Es gibt nichts Traurigeres (3)

Es gibt nichts Traurigeres
als allein im Hotel zu übernachten
auf Tour

das spätabendliche Fernsehprogramm
tröstet nicht darüber hinweg
dass ich allein bin

später dann
beim Frühstück am Morgen
habe ich niemandem zum Reden und
ich weiß nicht
wo ich hingucken soll
außer auf die Zeitung
oder das Handy

ebenso wie die anderen Geschäftsreisenden
an den Einzeltischen
bin ich allein

es gibt nichts Traurigeres

Es wird wieder hell. Ist das nicht wunderbar?

(Weihnachten 2015)

Um die Wahrheit zu sagen: Ich bin kein Christ, und ich glaube an keinen Gott, schon gar nicht an einen, der Gebete erhört. Für mich ist klar: Wir sind allein, und keiner hilft uns. Und obwohl ich das so sehe, bin ich kein ganz und gar unspiritueller Typ. Wir sind nicht bloß Chemie, und ich glaube auch an so etwas wie Seele. Das hat aber für mich nichts mit Religion zu tun, und schon wenn ich nur den Begriff „Religion" denke, kräuseln sich mir die Fußnägel. Letzten Endes ist es doch so: Hätten die Menschen nicht konkurrierende Konzepte von Gott erfunden, wären heute mindestens drei Viertel aller Konflikte auf der Welt überflüssig. Man stelle sich das mal vor: Plötzlich hätten die Leute keinen Grund mehr, sich auf die Omme zu hauen, und viele würden feststellen, wie nett der andere ist, den man eben noch umbringen wollte. Oh du schöne Utopie! In dieser Frage bin ich ganz bei John Lennon: „Imagine there is no heaven, and no religion, too." Aber auch John Lennon wurde umgebracht.

Tja, und jetzt ist bald Weihnachten. Kann ein Heide wie ich sich auf dieses Fest freuen? Sollte ich das überhaupt? Natürlich habe ich mir diese Frage gestellt, wieder und wieder, inmitten dieser vorweihnachtlichen Wahnsinnswochen, in welchen die Leute zwischen Sehnsucht nach Ruhe und Frieden und Geschenkekauf- und Weihnachtsfeierstress schier aufgerieben werden. Nie ist das Nervenkostüm so dünn wie in den vier Wochen vor Weihnachten, und nicht wenige haben den irren Blick von Amokläufern in ihren blassen, übernächtigten Gesichtern. Trotzdem mache ich mit, zumindest am Rande. Ich will kein Spielverderber sein, und wenn du Gören hast, bist du als Weihnachtsverweigerer ja sowieso die Spaßbremse schlechthin. Also sage ich mir: Was soll` s; eigentlich ist Weihnachten schon immer ein heidnisches Fest gewesen, Wintersonnenwende, die Leute feiern, dass es endlich wieder heller wird, nach den furchtbar trüben Wochen im November und Dezember ist das nur zu verständlich. An diese Tradition haben sich die Christen ja nur angedockt; auch der Tannenbaum ist ein heidnisches Symbol der Hoffnung mitten im dunklen, lebensfeindlichen Winter. Wahrscheinlich hat Jesus gar nicht am 24. Dezember Geburtstag, aber er ist ja nicht da, um zu sagen: „Hört mal, Leute, tut mir leid, ich bin am 10. August geboren." Also feiern wir Weihnachten weiterhin als große heidnisch-christliche Mischmaschparty, und wie man hört, feiern selbst Angehörige anderer Religionen inzwischen mit, weil es eben auch schwierig ist, sich diesem ganzen Trubel zu entziehen. Irgendwie ist das doch auch schön, wenn alle feiern, und keiner weiß so genau, warum. Meiner Erfahrung nach sind das jedenfalls die besten Feten überhaupt.

Und ja, ich freue mich auf die Bescherung. Es ist immer das Gleiche: Wir haben zusammen gesessen und gegessen, allein das ist doch schön, bei uns gibt es immer Kartoffelsalat und Würstchen, danach Eis, vollgefressen und träge rollen wir uns in die Stube und bewundern den wie immer krüppeligen Baum, den ich ausgesucht habe. Denn ich habe ein Herz für hässliche Loser; ich bin ja selber einer. Und dann liegt da unter dem Baum ein verräterisch aussehendes kleines Päckchen. Seit ich denken kann, bekomme ich von meiner Mutter jedes Jahr an Heiligabend ein großes, dreihundert Gramm schweres Marzipanbrot eines Lübecker Herstellers, der sich wirklich auf Marzipan versteht. Ich habe mir mal geschworen, niemals Marzipan dieses Herstellers selber zu kaufen, weil ich sonst erstens ständig pleite und zweitens dreihundert Kilo schwer wäre. Aber schon im Frühjahr, wenn ich auf unserem Grünland die Maulwurfshügel mit der Wiesenschleppe niederegge, freue ich mich auf Heiligabend, auf die Bescherung, auf dieses Päckchen. Ich weiß, was darin ist. Ich weiß, dass es von Mudder ist, weil es mit dem gebrauchten Papier vom letzten Jahr eingepackt ist. Ich reiße es sehr gründlich auf, um zu verhindern, dass das Papier nochmals verwendet werden kann. Und dann sehe ich es: ein Marzipanbrot ohne Schokolade drum herum, in einer durchsichtigen Verpackung, matt glänzend und hell wie ein kleines Ferkel. Es sieht unglaublich lecker aus, und ich bin ja pappsatt. Also will ich nur einmal daran riechen, und ich ziehe die Folie ab, an der Ecke, auf der steht: „Bitte hier öffnen." Es duftet so gut, und dann denke ich: Ach, nur einen Bissen, nur einen einzigen Bissen! Ich beiße ab, und es ist so zart, so köstlich, so absolut exquisit... und genau wissend, dass es wieder 364 Tage, 23 Stunden und 56 Minuten dauert, bis ich wieder ein solches Marzipanbrot in Händen halte – ich kann einfach nichts dagegen tun, und ja: Ich freue mich schon sehr auf Heiligabend!

Und wenn ich dann am Morgen des ersten Weihnachtstages aufstehe, um zu melken, dann weiß ich, dass die längste Nacht hinter uns liegt. Ich weiß: Die Tage werden länger. Der Frühling wird kommen. Es wird wärmer werden. Das Gras wird wachsen. Und es wird wieder hell. Ist das nicht wunderbar?

Heiligabend

Es ist Heiligabend und
ich bin ein guter Bauer

alle Viechereien bekommen
eine weihnachtliche Extraportion

die Kühe mal ein wenig Heu
statt immer nur Silo
die Starken und die Kälber werden
so übertrieben eingestreut
als wäre heute Kontrolle
oder Besuchergruppe

heimlich stecke ich den Pferden
je eine Möhre zu und
der greise Hund kriegt einen Kauknochen
den er in Ermangelung guter Zähne
langsam lutschen muss

den blöden Hühnern gebe ich altes Brot
bis sie vor Begeisterung dämlich gackern
aber das tun sie ja ohnehin immer

meine Güte
sind die blöd
ich könnte ihnen auch kleine Steine hinschmeißen
juchhu Steine
würden sie gackern
und sich freuen

sogar an die Ratten habe ich gedacht
voller Demut vor dem Leben
stelle ich ihnen einen Teller
mit Haferflocken hin
zur Feier des Tages
in pink

es ist Heiligabend und
ich bin ein guter Bauer

Mein kleiner Trecker

Im letzten Jahr war ich als Bauer (und Mensch) einer Menge Hohn und Spott ausgeliefert. Hätte ich nicht für möglich gehalten. Traf mich unvorbereitet.

Der Grund: Ich habe einen Trecker gekauft. Zum ersten Mal in meinen neunzehn Jahren als Bauer habe ich mir selbst einen Trecker gekauft, von meinem eigenen geliehenen Geld! Es ist – zugegeben – ein kleiner Trecker. 72 PS. Bis 1983 wäre das auf unserem Betrieb der größte Trecker gewesen; bis dahin hatten wir als Hauptschlepper einen Fendt mit 65 PS. Bis mein Vadder einen Hunderter kaufte. Stolz wie Oskar war er damals und fuhr jeden Sonntag, nach allen Seiten huldvoll winkend, wie Queen Mum durchs Dorf.

Einen voll analogen Trecker wollte ich haben. Schon bei Autos nervt mich das kolossal, wenn ich andauernd angefiept werde, was alles nicht in Ordnung ist und wie lange die letzte Wartung her ist und was für Quatsch noch mehr. Und mit Schrecken hörte ich immer die Stories von Kollegen mit hypermodernen Digitalschleppern, die sofort in Notbetrieb gehen, sobald nicht mehr genug Energydrinks im Kühlholm stehen. Und dann muss erst mal der Monteur kommen, Laptop anschließen, Störung löschen, so ein Scheiß.

Dann kam ich irgendwann im Mai mit meinem komplett mechanischen neuen 72 PS- Trecker auf den Hof gefahren, und meine Frau fing an zu lachen! Und als sie sich wieder eingekriegt hatte, sagte sie: „Der ist ja süß. Wächst der noch?“ Wie zufällig kam gerade da meine älteste Tochter vorbei, stieg aus dem Auto und rief: „Oh, Baby Trecker! Darfst du schon alleine raus? Wo ist denn deine Mama?“

Und so ging es weiter. Unser jüngster Sohn fand, das sei ja mal ein großer Rasenmähertrecker, und tat so, als suche er zwischen den Achsen nach den Messern, und Peer fand ihn „ganz niedlich“, wunderte sich dann aber, wo die Pedalen zum Treten seien. Außerdem fragte er, wann denn der „richtige Trecker“ komme. Und mein Mitarbeiter lachte erst, baute dann den Schwader an und wollte ihn anheben. Alles, was passierte, war: Der Trecker ging vorne hoch. Da musste ich gleich wieder los, Frontgewichte besorgen.

Naja, und das waren nur die Reaktionen in meinem persönlichen Umfeld. Was die Kollegen im Dorf über mich und meinen neuen Trecker sagten, wenn ich nicht dabei war, will ich lieber gar nicht wissen. Mein Mitarbeiter brachte die Sache jedenfalls irgendwann auf den Punkt: „Du brauchst doch nur nen neuen Trecker für die Demofahrten! Du willst doch im Januar bloß mal mit nem heilen Trecker nach Berlin! Mit TÜV, mit Heizung, mit Garantie.“ „Quatsch!“, sagte ich, „Die Trecker, mit denen ich in Berlin war, hatten alle schon mal TÜV. Und Heizung. Und Garantie.“

Trotzdem, vielleicht ist etwas dran. Immerhin verfügt der kleine Trecker altersbedingt noch über eine gewisse Grundsauberkeit. Zum Beispiel kann man ohne Probleme durch die Scheiben gucken. Und das kann in der Stadt durchaus von Vorteil sein. Und sonst auch.

Wie dem auch sei: Vor so viel Spott und Häme tat ich mir selber leid. Und ich bedauerte meinen kleinen neuen Trecker. Ausnahmslos alle machten sich lustig über ihn. Da hab ich ihn erst mal auf den Schoß genommen und ganz ganz fest gedrückt. Es hat ein wenig gedauert, aber irgendwann hörte er endlich auf zu weinen.

Glück oder Pech

Eisbär
knapp dreizehn Jahre alt und
eine meiner liebsten Kühe
sollte kalben

morgens hatten mein Mitarbeiter und ich
sie von der Trockensteherweide geholt und
in die Abkalbebox gebracht

es schien alles normal zu sein
kein Grund zur Beunruhigung
aber als ich mittags nach ihr sah
guckten die Hinterbeine raus
fast bis zum Arsch

sofort nahm ich mir einen Strick
und sprang in die Abkalbebox
wissend
die Nabelschnur ist gerissen und
der Kopf des Kalbes mitten in der Kuh

ich musste schnell sein
um zu verhindern
dass das Kalb erstickt
sollte es überhaupt noch am Leben sein

während Eisbär aufstand
schlang ich den Strick um die Hinterbeine
des Kalbes und zog an

mit einem Ruck glitt der Hintern heraus
dann flutschte der Rest hinterher und
das Kalb fiel ins Stroh
schlaff
mit glasigem Blick
ohne zu atmen
aber es zwinkerte

noch ist es nicht zu spät
dachte ich
nahm zwei Büschel Stroh in die Hände und
begann mit der Herz-Lungen-Massage

zunächst geschah gar nichts
doch dann
nach einer Weile
der erste blubbernde Atemzug

ich befreite Maul und Nase von Schleim und
massierte weiter
noch ein Atemzug
der zweite
dann der dritte und

so plötzlich
wie manchmal der Tod
kam das Leben

das Kalb begann
sich zu bewegen und
hob langsam den Kopf

ich wusste
es war über den Berg
ich hatte ihm das Leben gerettet und
kam mir vor
wie einer der attraktiven jungen Mediziner
in den amerikanischen Krankenhausserien
die die Liebste so gern guckt

lächelnd bemerkte ich
dass ich meine guten Klamotten eingesaut hatte
und schaute nach dem Geschlecht des Kalbes
bevor ich zurücktrat
um Eisbär vorzulassen
die schon ungeduldig darauf wartete
ihr Kalb endlich abzulecken

Mutter und Kind waren zusammen
freuten sich und
ich grübelte

es war ein Bullenkalb
ein kleiner Bulle

in zwei Wochen würde ich ihn
an den Viehhändler verkaufen und
er käme
als schwarzbuntes Kalb
wahrscheinlich nach Holland
in die Kälbermast
für ein knappes halbes Jahr
in einen stinkenden Stall und
niemals auf die Weide

niemals schiene ihm die Sonne
auf den Rücken
niemals zerzauste ihm der Wind
das schwarzweiße Fell und
niemals nässte ihm der Regen
den zur Wetterseite gekehrten Arsch

das kann nicht richtig sein
dachte ich und
wusste keine andere Lösung

er war Eisbärs elftes Kalb
ich hatte ihm das Leben gerettet und
ich fragte mich
hatte er nun Glück gehabt
oder Pech

ich wusste es nicht

Katzen

Wir haben zuhause auf dem Hof keine Draußenkatzen mehr. Wir haben aber drei Katzen im Haus. Ich wollte nie Katzen im Haus. Aber meine Familie hat mich ausgetrickst. Wie es dazu kam, will ich erzählen.

Als ich 1998 den Hof von meinen Eltern übernahm, hatten wir Katzen. Jede Menge Katzen – niemand konnte sagen, wie viele es genau waren. Eine auch nur annähernd exakte Stückzahl zu nennen war aussichtslos. Man konnte es – wenn überhaupt – nur so ungefähr quadratmeterweise sagen, um wie viele Katzen es sich handelte. Und es war auf allen Höfen das Gleiche.

Die Männer auf den Höfen bekamen die Katzen ohnehin nur selten zu Gesicht; denn es gibt eine Art genetisches Grundwissen bei Katzen, das ihnen sagt: Die massigen Typen mit den großen Gummistiefeln und den Schaufeln in der Hand – von denen halten wir uns fern!

Wenn überhaupt, dann kamen die Bauernhofkatzen in der Regel zweimal am Tag in die Nähe eines Menschen, meist in die Nähe der Bäuerin. Einmal morgens, einmal abends, jeweils nach dem Melken. So auch bei uns auf dem Hof. Wenn Mudder mit dem Melken fertig war, dann stand sie in der Milchkammer, holte den Milchfilter aus der Milchleitung und fing danach die heraustropfende Restmilch in einem alten Futtereimer auf. Mit diesem Futtereimer in der Hand verließ sie nun die Milchkammer. Auf diesen Moment warteten die unzähligen Bauernhofkatzen, und im Nu war Mudder von circa vier Quadratmetern Bauernhofkatzen umringt. Mit denen ging sie dann eine Tür weiter, in die große Diele, in der – auch das war auf allen Höfen so – eine alte Bratpfanne stand, deren Griff abgebrochen war, was sie als Katzennapf qualifizierte. Mudder goss dann die Restmilch in die alte Bratpfanne, und vier Qudratmeter Katzen schlabberten sich satt.

Ein Tierarzt erzählte mir mal, wie er auf solch einem Hof mal eine Bauerhofkatzen-Kastrationsaktion durchgeführt hat. Sie nutzten die gleiche Situation: Die Bäuerin war fertig mit Melken, fing die Restmilch auf, trat mit dem Eimer in der Hand vor die Milchkammertür, und sofort waren circa vier Quadratmeter Katzen um sie herum. Sie hatte allerdings zuvor die grifflose Bratpfanne in die Milchkammer gestellt. Sie ging also wieder in die Milchkammer hinein, der Teppich aus Katzen folgte ihr, und dann schloss der Tierarzt die Milchkammertür hinter ihnen. Nun hatten sie also alle Katzen in der Milchkammer eingesperrt, und der Tierarzt nahm eine alte Wolldecke, warf sie über die Katzen und setzte dann durch die Wolldecke hindurch die Betäubungsspritzen. Die eine oder andere Katze hat vielleicht zwei Spritzen abgekriegt, aber auch die sind irgendwann später, viel später, wieder aufgewacht. In der Diele nebenan hatten sie dann eine Kastrationskonstruktion aufgebaut, die betäubten Katzen drangebunden, und dann ist der Tierarzt – rrrttt – einmal mit dem Teppichmesser an der Katzenreihe entlang gegangen, während der Hofhund drunter saß und alles, was herunter fiel, auffing.

Hofhunde sind, was solche Dinge angeht, oftmals sehr geschickt.

Wie dem auch sei, ich wollte weg von diesen Massen halbwilder Bauernhofkatzen. Jeder weiß, dass es Probleme mit ihnen gibt. Sie vermehren sich ohne Ende; wegen der Inzucht werden die Katzenbabys krank; sie fangen die Singvögel weg, und, und, und. Nachdem ich den Hof übernommen hatte, fingen wir Katzen ein und ließen sie untersuchen. Dabei kam heraus, dass viele mit dem FIV-Virus infiziert waren und bald sterben würden. Und so geschah es. Mit den Jahren wurden die Katzen tatsächlich weniger, bis wir am Ende nur noch eine halbwilde Bauernhofkatze hatten, die auf dem Heuboden lebte. Vor einigen Jahren hatte diese Katze dort oben Babykatzen, und als ich eines Abends – wie so oft – unterwegs war, auf Lesetour, da war eins der Katzenbabys vom Heuboden herunter gefallen, in die Jungviehbox darunter, und hatte sich in der Kuhscheiße festgekrochen. Meine Tochter Carla fand sie, weil die Katze so elendiglich miaute. Naja, ich war nicht zuhause; ich konnte nicht sagen: Du, Carla, das lohnt doch nicht mehr, hol mal die Schaufel, also nahm Carla die Katze mit rein ins Badezimmer, duschte sie sauber, föhnte sie trocken, gab ihr zu essen und zu trinken und einen Namen – sie hatte so gezittert, als Carla sie fand; deswegen heißt sie jetzt „Zita“ – und als ich am nächsten Morgen aufstand, hatten wir eine Katze im Haus. Und meine Tochter guckte mich mit so großen, treuen Augen an... was hätte ich schon tun können?

So war also die erste Katze ins Haus gekommen. Und ich, als Bauer, das muss man sich mal vorstellen, das muss man sich auf der Zunge zergehen lassen – ich war mit dieser Katze beim Tierarzt! Und, nebenbei gesagt, nicht irgendein Tierarzt, nein, es musste die spezielle Kleintierpraxis im Nachbarort sein. Keine Ahnung, was meine Familie vorhatte, aber alle waren sie unterwegs; vielleicht war es auch eine Art Test oder so; jedenfalls musste die Katze unbedingt an jenem Sonnabendvormittag zu diesem Tierarzt in diese Kleintierpraxis. Ich saß eine Dreiviertelstunde lang mit fünfunddreißig anderen Leuten im Wartezimmer dieses Tierarztes, und alle hatten sie ihre widerlichen kleinen Schoßhunde dabei, ihre Hamster, Meerschweinchen, Wellensittiche und noch allerlei Kroppzeug mehr, und alle schnatterten sie durcheinander und flöteten sich Sätze zu wie: Oh, was hat Ihr Kleiner denn?, während andere die ganze Zeit mit ihren Viechern redeten und nicht mitkriegten, wie unglaublich bescheuert das klang. Und ich saß da, guckte auf die Uhr, und nichts geschah. Eine Dreiviertelstunde lang wartete ich dort, und nicht einer wurde ins Behandlungszimmer reingerufen. Es ging überhaupt nicht voran, und ich dachte: Was mache ich hier, als Bauer? Wo ist die versteckte Kamera?

Dann wurde es mir zu bunt, und ich ging vor die Tür und rief mit meinem Handy meinen Hoftierarzt an. Ich sagte: Sag mal, du kannst Pferde, du kannst Kühe, du kannst Schweine, du kannst bestimmt auch Katzen, oder? Jaja, antwortete er, wir nehmen dasselbe Mittel, nur ein bisschen weniger, dann geht das. Also fuhr ich zu meinem Hoftierarzt; die Katze wurde versorgt; alles war gut, und meiner Familie habe ich nie erzählt, bei welchem Tierarzt ich gewesen bin.

Nun hatten wir also eine Katze im Haus. Jon, der kleine Bruder von Carla, wollte aber auch eine Katze, und als im Sommer danach die letzte halbwilde Bauernhofkatze ein letztes Mal Babykatzen hatte, wartete Jon einen Abend ab, an dem ich nicht zuhause war, dann suchte er solange im Heu herum, bis er zwei Babykatzen fand, warf sie von oben runter in die Kuhscheiße, damit sie dreckig und elend aussahen, nahm sie mit rein, duschte sie sauber, fönte sie trocken, das ganze Programm, gab ihnen zu essen und zu trinken und Namen – sie heißen „Bonsai" und „Nuga" – und als ich am nächsten Morgen aufstand, hatten wir drei Katzen im Haus.

Nun ja, und all diese Katzen sind inzwischen kastriert und werden allerbest versorgt – sie werden geimpft und entwurmt und entfloht – um ehrlich zu sein: Sie sind beim Tierarzt teurer als die fünfzig Kühe, die ich habe. Und sie werden natürlich auch gefüttert, aber sie sind auch draußen und fangen dort Mäuse und manchmal sogar auch Ratten. Aber die Mäuse und die Ratten schmecken offensichtlich nicht so gut wie das Katzenfutter, weshalb die Katzen sie weiter verschenken – an uns. Wer Katzen hat, die Auslauf haben, der kennt diese Opfergaben. Man kommt aus der Haustür raus, und dann – knirsch – tritt man auf etwas mehr oder weniger Weiches.

Unsere Katzen legen die Opfergaben immer vor der Dielentür ab. Wenn man aus der rauskommt, dann liegt direkt davor die große Schmutzfangfußmatte; links davon stehen all unsere Gummistiefel, rechts davon die Gummischluppen, die Gartenclogs, die man mal so eben schnell anziehen kann, wenn man über den Hof geht. In der Mitte, auf der Fußmatte, legen die Katzen die Opfergaben ab, die Mäuse, die Ratten. Manchmal im Stück, manchmal auch als Bausatz. Dann liegen da nebeneinander Kopf, leere Hülle, Schwanz, und dann Leber, Lunge, Herz, Milz, Darm, alles, kann man sich selber wieder zusammenbauen. Und einmal, im letzten Winter, da habe ich mich wirklich über die Katzen gefreut.

Es war an einem der Adventssonntage. Meine Schwiegermutter in Rendsburg hatte zum Adventskaffee eingeladen, und ich war – wie so oft – spät dran. Der Rest der Familie wartete schon in unserem alten Ford Transit, und da ich mit diesem Auto im Winter ohnehin so viel unterwegs bin, auf Lesetour, habe ich sowieso immer Wechselklamotten und andere Schuhe darin. Also dachte ich, oha, der Rest der Familie wartet schon, also bloß schnell raus aus der Dielentür, rein in die Gummischluppen, ab ins Auto... aber in dem rechten Gummischluppen war es so seltsam eng. Und so warm. Und so weich.

Ich erschrak etwas, und dann nahm ich den Gummischluppen, kippte ihn aus, und dann fiel eine 1a frisch erlegte Ratte dort hinaus, ein durchaus kapitales Exemplar, mit seidigem, grauen Fell, noch warm. Ich musste lächeln, und ich dachte: Die Katzen, die meinen es gut mit mir. Die denken: Wir haben Winter. Es ist kalt. Wir haben Frost. Der Bauer kriegt kalte Füße. Wir legen ihm mal eine schöne, warme Ratte in den Schuh!

Also ganz ehrlich: Ich hab nichts gegen Katzen. Falls

das noch nicht klar geworden ist – ich mag sie sogar ziemlich gern. Am liebsten geschnetzelt...

Zärtlichkeit und Nahrungsaufnahme

Alle vier Wochen
wenn der Schrotlaster kommt und
das gute Bioland-Milchleistungsfutter
in den Silo im Kuhstall bläst
stehen unsere Kühe im Futterautomaten und fressen
während der Schrotstaub ihnen
durchs Überdruckrohr ins Fell gepustet wird

später dann
stehen eben diese Kühe mitten im Stall und
genießen es
wie die anderen ihnen
mit rauen Zungen
genüsslich
das Fell abschlecken
um nur ja kein Gramm Futter
unkonsumiert
verkommen zu lassen

wie genial
denke ich
jedes Mal
wenn ich das sehe

Zärtlichkeit
kombiniert mit Nahrungsaufnahme

zwei Fliegen mit einer Klappe und
alle haben was davon

wäre es doch
bei Menschen ebenso einfach
wie bei Kühen

täglich bliese ich
meiner Liebsten Schrotstaub ins Fell
und leckte sie dann
genüsslich ab

Schnell mal zu Slow Food

(2017)

Für einen Abend war ich neulich schnell mal bei Slow Food. In Bremen. Slow Food Deutschland feierte nämlich im Juni im Bremer Rathaus sein Jubiläum – 20 oder 25 Jahre, ich habe es vergessen – mit einem Empfang, mit Musik, mit Grußworten und einem von Slow Food-Köchen gezauberten Mehr-Gänge-Menü. Am Rande der Wir-haben-es-satt-Demo in Berlin hatte der Schatzmeister von Slow Food mich gefragt, ob ich an diesem Abend zwischen den Gängen ein paar Geschichten erzählen könne, um die ganze Sache etwas aufzulockern. Sofort sagte ich zu. Ich esse gerne, und sabbeln kann ich ja auch. Ganz umsonst sollte es auch nicht sein. Deshalb freute ich mich sehr auf den Abend, als ich – wie so oft – etwas zu spät in den prunkvollen Saal des Rathauses kam. Gerade war die Begrüßung im Gange, und die Vorstandsmitglieder von Slow Food spielten sich die Bälle zu. Sie fragten sich gegenseitig, was sie am Abend zuvor gegessen hatten. Die Antworten klangen meist etwa so:

Oh, gestern Abend, nun, zunächst war ich im Garten und hab mir fürs Abendessen verschiedene Salate gepflückt, während der Teig für mein selbst zu backendes Brot gerade an einem vorgewärmten Ort ruhte. Anschließend habe ich mit meinem selbstgemachten Brombeeressig und einem handgequetschten Leinöl ein köstliches Dressing gerührt, in welchem ich den Salat mit einem südfranzösischen Rohmilch-Ziegenkäse vermischte, usw usf.

Keiner sagte etwas wie: Ich hab mir ein Brot mit Nutella geschmiert. Kurz mal dachte ich: Das ist alles nicht echt. Echt nicht. Zwar lege ich großen Wert auf gutes, handgemachtes Essen, aber ich weiß auch, wie turbulent und husch-husch manche Sachen, für die man sich eigentlich gern mehr Zeit nehmen wollen würde, im Alltag abgefertigt werden. Warum, so dachte ich, sollte das Slow-Food-Aktivisten anders gehen? Und noch während ich das dachte, bekam ich Angst, dass die Moderatoren mich im Rahmen meiner Vorstellung fragen würden, was ich am Abend zuvor gegessen hatte. Und ich – die Liebste kann es bezeugen – kann einfach nicht lügen. Also hätte ich etwas ausgeholt und die wahre Geschichte erzählt.

Der Abend zuvor war nämlich so verlaufen: Ich sollte in der Nähe von Osnabrück bei einer Raiffeisen-Mitgliederversammlung nach dem Vorstandsbericht und den Wahlen unter dem Tagesordnungspunkt „Verschiedenes“ noch ein paar Geschichten erzählen. Vor dem Essen. Alles war soweit geplant, mein Mitarbeiter würde zuhause den Stall machen, und ich wäre auf Tour, Sex & Drugs & Rock`n`Roll, sozusagen. Dann sagte mein Mitarbeiter zwei Tage vorher, dass er ganz vergessen habe, dass seine Kusine ja heirate, ob er da nicht hinkönne. Nun, was sollte ich sagen? Ich wollte kein Arbeitgeber sein, der seinem Mitarbeiter verbietet, zur Hochzeit von Verwandten zu gehen. Also sagte ich, irgendwie würde ich das hinkriegen. Also im Kreis Plön melken und im Osnabrücker Land Geschichten erzählen. Mein Mitarbeiter fuhr also zur Hochzeit, und ich überlegte mir, wie ich das alles hinkriegen würde. Am frühen Nachmittag melken und dann losfahren, und am nächsten Tag wieder normal melken, so hatte ich es mir gedacht. Dann aber hörte ich Radio, und auf der A1 zwischen Hamburg und Bremen war ein Stau. Zwei Stunden Zeitverlust. Also überfüllte Ausweichstrecken oder im Stau stehen. Ohne gemolken zu haben, setzte ich mich ins Auto, kam nach zweieinhalb Stunden Stau und insgesamt fast sechs Stunden Fahrt rechtzeitig zum Auftritt, brachte Bauern zum Lachen und ging vor dem Essen, weil ich ja nach Hause musste, um zu melken. Es war kurz vor zehn Uhr abends, als ich dort aufbrach. Bevor ich auf die Autobahn fuhr, hielt ich bei einer Tanke und kaufte mir eine Flasche ekligen Energy Drink, eine Tüte Chips, Weingummis und Schokolade, um mich, auf der Autobahn ziemlich slowly – ich bin in der Regel ein langsamer Fahrer – meinen Kühen entgegengleitend, fressen- und saufenderweise mit Junkfood wachzuhalten. Um ein Uhr nachts kam ich zuhause an, zog mich um und ging in den Stall zu meinen Kühen, die mich inzwischen sehnlichst erwarteten. Um drei Uhr nachts war ich fertig, ging ins Haus, duschte und bekam Hunger. In Unterhose ging ich in die Speisekammer, fand eine Dose Ravioli, suchte mir im Küchenschrank den Dosenöffner, zitternd vor Vorfreude fand ich ihn, öffnete langsam, ganz langsam, regelrecht slow die Dose, bog den Deckel hoch und schaufelte den Kram mit einem großen Löffel kalt in mich hinein, bevor ich mich aufs Sofa legte, um endlich noch ein paar Stunden zu schlafen.

Das alles aber habe ich bei Slow Food in Bremen nicht erzählt. Ich wurde nicht danach gefragt. Ein Glück...

Die Kuh Obelix

(2015)

Unsere Kinder sind ja arme Heidenkinder, ungetauft, unkonfirmiert. Das hat in unserer Familie immer wieder zu Diskussionen geführt. Meine Mutter meinte, sollten unsere Gören sich schlecht entwickeln, dann wisse sie schon, woran das liege. Und später, viel später fragte immer mal wieder eines der Kinder, ob man nicht doch konfirmiert werden könne, schließlich wolle man in der Kirche, im weißen Hochzeitskleid, heiraten. Sagt ein zwölfjähriges Mädchen! Aber wir wussten, woher der Wind wehte; schließlich erzählen sich die Kids ja auch gegenseitig, in welcher Höhe Geldgeschenke zur Konfirmation einzutrudeln pflegen. Nur ein Beispiel: Als ich selbst konfirmiert wurde, 1983, da war mein Vater gerade Bürgermeister – das ist in diesem Zusammenhang nicht unwichtig – und ich kriegte 2700 Mark zur Konfirmation, und das zum Teil von Leuten, die ich gar nicht kannte. Es fiel mir nicht leicht, die Hälfte von dem Geld zu spenden, als ich aus der Kirche austrat, mit 18. Allein schon, dass ich nur die Hälfte spendete, war ein Zugeständnis an meine menschliche Schwäche. Aber ich wollte eben unbedingt diese coole Stereoanlage. Wie hätte ich auch sonst die linken, antikapitalistischen Hymnen von Billy Bragg in vernünftigem Sound hören können!

Um den Verzicht auf diese Geschenkeflut für unsere Kinder erträglicher zu gestalten, beschlossen die Liebste und ich, den Kindern jeweils zum vierzehnten Geburtstag ein großes Geschenk zu machen. Dabei richteten wir uns nach den Wünschen unserer Kinder. In diesem Jahr wurde Jon, unser jüngster Sohn, vierzehn. Ebenso wie vor Jahren sein großer Bruder wünschte er sich einen Gamer-PC. Das muss man nicht mögen, aber nun ja, was soll man machen. Was dann geschah, kannten wir schon. Geschichte wiederholt sich eben doch. In der Bude unterm Dach wird der PC installiert; man sieht seinen Sohn etwa vier Jahre lang nur sehr selten, und wenn er wieder auftaucht, ist er zwei Meter groß, hat deutlich zu dünne Ärmchen und Beinchen, einen blassen Teint und eine sehr ausgeprägte Fingermotorik. Aber ist eine Phase der Adoleszenz; die Jungs müssen da durch. Dieses tagelange Abhängen vor dem PC, bekleidet mit selten mehr als einer Boxershorts – welche Eltern von halbwüchsigen Jungs kennen das nicht? Und am Wochenende treffen sich manchmal mehrere von ihnen zum gemeinsamen Zocken; dann ist das ganze Haus voll mit müffelnden Jungs, die tägliche Körperpflege für Zeitverschwendung und Tiefkühlpizza für den Gipfel der kulinarischen Genüsse halten.

Und doch lief es bei Jon etwas anders. Ab und zu, wenn mir im Alltag Zeit und Muße zum Kühe holen fehlt, bitte ich Jon, das für mich zu tun, wozu er in der Regel auch bereit ist, sofern es zum zeitlichen Ablauf seiner Online-Spiele passt. Und beim Küheholen machte er die spezielle Bekanntschaft der Kuh Obelix. Bei diesem Tier handelt es sich um eine Mischung der verschiedensten Rinderrassen; die Mutter, so vermute ich, hatte Schwarzbunt-, Jersey- und Angeliterblut in sich und wurde mit Sperma von einem Pinzgauerbullen besamt. Das Ergebnis nannte ich Obelix. Sie ist jetzt eine junge Kuh, hat gerade ihr zweites Kalb bekommen und ist so ziemlich das zutraulichste Rindvieh, das mir je begegnet ist. Nicht nur, dass sie gestreichelt werden will, immer und überall, wenn man ihr im Stall oder auf der Weide begegnet – nein, sie folgt einem auf der Weide überall hin, nur, um gestreichelt zu werden, und sie ist keinesfalls bereit, Richtung Melkstand zu gehen, wenn man sie nicht ganz subtil in diese Richtung streichelt.

Ulkigerweise ist Jon von Obelix total fasziniert. Eine so kuschelsüchtige Kuh ist eben etwas Besonderes. Neulich wollte ich ihn mal wieder bitten, die Kühe zu holen. Normalerweise stehe ich dann unten im Flur und brülle die zwei Stockwerke hoch, aber es kam keine Antwort. Also ging ich die Treppen hoch, vermutend, Jon habe Kopfhörer auf und hörte mich nicht. Aber sein Zimmer war leer. Ich musste selber los, zur Weide, und fand meinen Sohn dort, in inniger Umarmung mit Obelix. Da haben sich aber zwei gefunden. Andere Vierzehnjährige haben Katzen oder Köter; Jon hat eine Kuh. Er hat inzwischen sogar etwas Farbe bekommen. Vielleicht sind Hopfen und Malz doch noch nicht verloren.

Mittendrin

Immer wieder
meine ich
mich rechtfertigen zu müssen
wenn ich erzähle
ich sei ein später Melker

morgens erst um halb acht im Stall
und am Wochenende auch mal um acht
oder halb neun

ja
sage ich dann entschuldigend
aber ich bin ja auch so oft unterwegs
abends
um aufzutreten
überall im Norden
und selten vor Mitternacht zuhause
deshalb brauche ich die Ruhe
am Morgen

neulich
nach einem Auftritt
sprach mich ein alter Bauer an
tiefe Furchen
in einem wettergegerbten Gesicht
mit traurigen Augen darin

er sagte
als Milchbauer so spät aufzustehen
das ginge doch nicht
das sei ganz gewiss
der Anfang vom Ende

ich musste lächeln
und antwortete
das seh ich anders

ich bin nicht
am Anfang vom Ende
ich bin
mittendrin im Mittendrin

Jeder Trecker braucht einen Beifahrersitz

Seit 1998 bin ich nun Bauer; seit knapp zwanzig Jahren bewirtschafte ich nun den Hof. Zur Hofübergabe damals sagte mein Vadder, es gebe als Bonus noch einen Trecker dazu. Es wurde dann kein ganzer Trecker; es wurde bestenfalls ein halber, nämlich ein Landini. Mit vier Jahren Verspätung kam der 2002 auf den Hof.

Im Moment gibt es also etwa zweieinhalb Trecker auf dem Hof: einen Fendt Favorit 611 LSA von 1985, einen Case Maxxum von 1994 und eben den Landini von 2002. Seit einigen Jahren gärt in mir (und in meinem Steuerberater) der Wunsch nach einem neuen Trecker. Ich dachte da an einen leichten Grünlandschlepper, so 70 bis 90 PS, für die Heuarbeiten, mähen, kehren, schwaden. Mein Mitarbeiter schüttelte nur den Kopf, als ich ihm davon erzählte. Neuer Trecker klingt nicht schlecht, meinte er, aber 200 PS müssten ja wohl drin sein. Klimaanlage natürlich, Flaschenkühler im Treckerholm, und Internetzugang, WLAN, Bluetooth. Dass so etwas auch bezahlt werden muss, fand er erst mal zweitrangig. Zwei seiner Kumpels fahren Riesenschlepper mit Mulde beim Straßenbau; da wollte er auch gerne mal mitschnacken.

Zweimal war ich jetzt los, um mir Schlepper anzugucken. Was ich erstaunlich fand: Offensichtlich hält man heute den Beifahrersitz auf dem Trecker für überflüssig. So etwas gebe es für Trecker dieser Größe – es handelte sich um einen Deutz mit 72 PS – nicht; selbst der Getränkehalter sei Sonderausstattung, aber ausreichend stabil, um sich drauf zu setzen, wurde mir erklärt. Koste aber extra. Ich war erschüttert. Was ist das für eine Welt, in der man nicht einmal eines seiner Kinder mit auf den Trecker nehmen kann?

Etwas wehmütig erinnerte ich mich an den ersten Fendt, den mein Vadder Anfang der siebziger Jahre gekauft hatte; ich glaube, es war ein Farmer 2 S. Der hatte zwar kein Verdeck, aber beide Kotflügel waren mit einem Bügel ausgestattet und also als Sitzgelegenheit für Beifahrer gedacht. Ich weiß noch, dass unser Auto mal streikte, als unsere Familie bei Verwandten im Nachbardorf zum Kaffee eingeladen war. Also fuhren wir alle – und das heißt: drei Generationen – mit dem Fendt. Vadder auf dem Fahrersitz, Mudder mit einer Tortenplatte neben sich auf dem rechten Kotflügel, Oma und ich auf dem linken Kotflügel sowie Opa und mein großer Bruder ganz cool hinten auf der Ackerschiene stehend, sich lässig mit einer Hand am Überrollbügel festhaltend, ein großer, alter und ein kleiner, junger John Wayne. Das war bestimmt ein tolles Bild, als wir so durchs Dorf rollten. Sofern es trocken und sonnig war.

Eines jedenfalls steht für mich felsenfest: Ein Trecker ohne Beifahrersitz kommt mir nicht auf den Hof. Zwar stimmt es, dass man doch die meiste Zeit allein auf dem Trecker sitzt, und meine Kinder sind inzwischen aus dem Alter raus, in welchem sie gern einmal mitfuhren, stunden- und tagelang, aber sich selbst der Möglichkeit zu berauben, jemanden mitzunehmen, indem man auf einen Beifahrersitz verzichtet – diese Vorstellung finde ich absurd. Warum mit einem Trecker zur Disco fahren, wenn man hinterher nicht einmal jemanden nach Hause bringen kann? Und gleich zu sagen „Ich kann dich zwar mitnehmen, aber du kannst nur auf meinem Schoß sitzen." könnte leicht als etwas übergriffig interpretiert werden.

Vielleicht – so fällt mir gerade ein – liegt dem Ganzen ja eine Art Marktanalyse zugrunde. Große Trecker haben, soweit ich weiß, immer einen Beifahrersitz, vielleicht, weil ohnehin mehr Platz in der Kabine ist, vielleicht aber auch, weil man Bauern, die solche Ungetüme fahren, eher zutraut, bei der Disco jemanden abzuschleppen. Denn einerseits kommt es angeblich zwar auf die inneren Werte an; andererseits hatten, soweit ich mich erinnere, selbst die ekligsten Typen immer Freundinnen, sofern sie nur ausreichend dicke Autos oder auch Trecker fuhren. Kaum fährt man in einem aufgemotzten Dreier-BMW vor, schon sitzt die billig aufgedonnerte Dorfschönheit neben einem. Das ist heute nicht anders, als es damals war.

Für Landjugendliche gibt es zusätzliche, nur halb geheime Codes, die Informationen vermitteln, das Gegenüber betreffend. Wie meine Tochter mir erzählt hat, symbolisiert die Größe der Karos auf den Bauernhemden die Anzahl der Hektare. Je kleiner die Karos, desto größer der Hof, und Schweinemäster tragen angeblich gestreifte Hemden. Was sich ja aber leicht sabotieren lässt; denn ich wurde beim Kauf von Karo- oder Streifenhemden noch nie gebeten, zur Überprüfung meiner Oberbekleidungserwerbsberechtigung eine Kopie meines aktuellen Agrarprämienbescheids vorzulegen.

Wie dem auch sei: Trecker ohne Beifahrersitz kann in diesem Zusammenhang nur bedeuten: Du arme Sau kriegst niemals jemanden ab. Allein schon, um dagegen ein Zeichen zu setzen, werde ich einen Getränkehalter ordern. Zum Getränkehalten und zum Draufsitzen, zur Not beides auf einmal. Jeder Trecker braucht einen Beifahrersitz – egal, ob es extra kostet. Um Verwirrung zu stiften, handle ich im Gegenzug ein möglichst kleinkariertes Flanellhemd heraus. Mindestens.

Lebensfreude

Eines Morgens
eines schönen Morgens
das Licht warf blaue Schatten
holte ich die Kühe
gemeinsam mit einem Fotografen
der nicht gerade bäuerliche Gummistiefel sein Eigen nannte

mit quietschgelben Gummeln
stapfte er hinter mir her
über unsere Weiden
auf der Suche
nach dem perfekten Bild

die Kühe fanden ihn so lustig
mit seinen blitzsauberen Leuchtfüßen
dass sie neugierig ankamen
guckten und schnupperten und
als wüssten sie nichts anderes zu tun
zu toben anfingen
zuerst im Kreis
um ihn herum

dann sprangen sie los
in Richtung Stall

während sie den Hügel hinabliefen
wir sagen sogar Berg dazu
packte sie endlich
die schiere Lebensfreude und
plötzlich galoppierten sie los
den Berg runter
wild und impulsiv

der Fotograf knipste und knipste und
stieß dabei
wohlige Grunzlaute aus

wow
dachte ich
das wird gute Bilder geben

voller Freude und
ohne es zu wollen
musste ich lächeln

auf meine Kühe ist eben Verlass und
jedes Shooting wird zum Fest

Es gibt nichts Traurigeres (4)

Es gibt nichts Traurigeres
als bei Bauernkollegen
mit Abendbrot zu essen
und dann gibt es

geschnitten Graubrot aus der Tüte
einzeln eingeschweißte Silikonkäsescheiben
Gummiwurst und
ganz schlimm
Schmelzkäsezubereitung mit Kräutern

das einzig Erträgliche ist das Bier

ich fühle mich zurück versetzt
Klassenfahrt
achte Klasse
1982
Landschulheim Rantum auf Sylt
nur dass es dort kein Bier gab
sondern Hagebuttentee
von dem ich
für den Rest meines Lebens genug habe

innerlich schüttele ich den Kopf

wenn schon wir Bauern
keinen Wert auf gutes Essen legen
mit welchem Recht sollten wir verlangen
dass andere es tun

ich blicke auf die Gummiwurst

es gibt nichts Traurigeres

Maddi die Kälbermuddi

(2017)

Über kaum ein Thema im Bereich der ökologischen Milchviehhaltung wird ja in letzter Zeit so viel geredet wie über muttergebundene Kälberaufzucht. Ich finde ja nach wie vor, auch bessere Milchpreise für uns Bauern sind ein guter Gesprächsgegenstand, aber egal, reden wir über muttergebundene Kälberaufzucht.

Jeder Milchbauer, der schon mal eine Besuchergruppe über seinen Hof geführt hat, kennt das wahrscheinlich. Man steht im Kälberstall, die Besucher gucken den Kälbern zu, rufen: Oh, sind die süß! Und dann kommt die unvermeidliche Frage: Warum sind die nicht bei ihren Mamas? Immer, wirklich immer bringt das den Bauern in Rechtfertigungsnot. Äh, wir wollen doch die Milch, die müssen wir verkaufen, davon leben wir, die kriegen wir sonst nicht, aber noch während ich mir da einen abstammel, sehe ich in den Blicken der Besucher, dass sie mich im Grunde für einen kaltherzigen Kälberschinder halten, der Babys ihren Müttern entreißt.

Klar, ich weiß, wie schön die Bilder sind, wenn Kühe mit ihren Kälbern zusammen im Stall oder auf der Weide stehen. Ich weiß noch genau, wie mir das Herz aufging, als ich im Kuhstall des schwedischen Demeter-Hofes, auf dem mein Sohn Peer ein Jahr lang arbeitete, oben auf der Plattform des Heukranes stand und den Blick über die große Einstreufläche schweifen ließ. Kühe lagen herum, käuten wieder, und zwischen ihnen tollten die Kälber umher und spielten. Das lässt keinen kalt, auch abgefuckte alte Bauern nicht.

In diesem Frühjahr besuchte ich eine Fortbildung zum Thema. Wie machen es die Kollegen, wenn sie es machen, auf wie viel Milchleistung verzichten sie, wie haben sie es baulich gelöst?

Das Erstaunliche ist: Jeder macht es anders, aber die meisten sind überzeugt davon, wie sie es machen. Das finde ich immer großartig, die Vielfalt der individuellen Lösungen für landwirtschaftliche Problemstellungen. Zeig mir hundert Höfe – es wird hundert Wege geben. Und ich selbst hörte mit großen Ohren zu. Einer sagte, er verzichtet auf dreißig Prozent Milch und braucht deshalb zwanzig Cent mehr pro Liter. Das kann ich gut nachvollziehen. Die Frage ist aber, ob er die auch bekommt. Er war es auch, der sagte, wie er das Absetzen macht. Nach drei Monaten bei der Mutter trennt er die Kälber von einem Tag auf den anderen, und dann ist Gebrüll. Auf seinem Hof gibt es Ferienwohnungen, die fest an Monteure vermietet sind. Die fahren am Freitagmorgen vom Hof und kommen Montag nach Feierabend wieder. Also werden die Kälber Donnerstagabend abgesetzt und brüllen ab Freitagmorgen das ganze Wochenende über, bis sie am Montagabend hoffentlich die Fresse halten, damit die zurückgekehrten Monteure schlafen können. Da habe ich gedacht: Man lässt die Kälber bei den Kühen, um ihnen den Trennungsschmerz zu nehmen, nur um ihn um ein Mehrfaches gesteigert in die Zukunft zu verschieben. Das kann in meinen Augen auch nicht Sinn der Sache sein.

Einer der Bauern auf dieser Fortbildung sagte, Menschen könnten gut Kälber tränken und aufziehen, Kühe aber könnten mehr. Und er berichtete, wie anders sich auch die Persönlichkeiten der Kälber ausbildeten, wenn sie bei den Müttern blieben. Man habe es mit selbstbewussten, starken Kälbern zu tun, die früh lernen, sich in und mit der Herde zu bewegen. Das fand ich nachvollziehbar.

Ein spannendes Thema, gewiss. Noch habe ich mich zu nichts durchringen können. Nach wie vor trenne ich Mutter und Kind am dritten Tag. Die Kälber gedeihen gut; es ist nicht so, dass ich irgend etwas ändern müsste, weil es ein Problem gibt. Und auch bei meinen Kälbern geht mir manchmal das Herz auf. So stand ich neulich in der Gruppenbox und brachte einem Kalb das Saufen aus dem Nuckeleimer bei. Ein anderes Kalb kam von hinten und zwängte den Kopf zwischen meinen Beinen durch. Ich fürchtete, es würde nun mit dem Kopf hochschlagen, um in meinem Euter den Milchfluss anzuregen. Ich machte mich auf schlimme Schmerzen gefasst, aber das Kalb verharrte still. Es wollte einfach nur kuscheln; es wollte Körperkontakt. Also standen wir da, minutenlang, und genossen die Nähe. Ich kam mir vor wie Maddi, die Kälbermuddi. Es hat nicht viel gefehlt, und mir wäre die Milch eingeschossen...

Ein Dorfsheriff mit Herz

Wenn man mit Bauern spricht, egal wo, eines ist fast allen gemeinsam: eine gewisse Vorliebe für motorisierte Fahrzeuge. Und damit sind nicht nur Trecker gemeint, über die sich Bauern, wenn sie aufeinander treffen, stundenlang bestens unterhalten können, wobei immer schnell auffällt, dass viele eine persönliche Beziehung zu ihren Treckern aufzubauen pflegen und nicht selten auch mit ihnen reden wie mit einem Pferd oder einem Hund. Nie werde ich vergessen, wie ich einst bei meinem Lehrherrn in dessen John Deere auf dem Beifahrersitz saß, während er auf dem Acker einen Hang hinauf pflügte und seinen Johnny, der allmählich immer langsamer wurde, anfeuerte: „Komm, mien Jung, du schaffst das! Gib nicht auf! Mach weiter! Ja!“ Doch es wurde nichts. Vielleicht hätte ich meinem Bauern mal sagen sollen, dass er vergessen hatte, den Allradantrieb einzuschalten, aber eigentlich hätte er auch selbst drauf kommen können.

Aber nicht nur zu Treckern haben Bauern besondere Beziehungen, sondern auch oft zu Autos, zu Quads und vor allem zu motorisierten Zweirädern, wobei die Spanne von Mofas über Mopeds, Mokicks und Klein- und Leichtkrafträdern bis hin zu leichten und schweren und ganz doll schweren Motorrädern reicht, die nicht selten unangemeldet, unversichert und ohne TÜV bevorzugt querfeldein gefahren werden.

In diesem Zusammenhang hat mein Kumpel Dierk mir mal eine Geschichte von einem Dorfsheriff mit Herz erzählt, wobei man durchaus geteilter Meinung sein kann, ob es sich tatsächlich um einen Dorfsheriff mit Herz gehandelt habe. Jedenfalls habe ich die Geschichte genauso, wie Dierk sie mir erzählt hatte, auch meiner Frau erzählt, und meine Frau fand das Verhalten dieses Dorfsheriffs sadistisch. Ich finde das nicht; ich finde, es gibt einfach Dinge im Leben, für die man einen Preis zu zahlen bereit sein muss. Und Dierk sieht das im Übrigen ganz genauso.

Dierk ist auch ein Bauer aus dem Kreis Plön, aber aus einer anderen Ecke als ich; er kommt von der Ostsee. Er ist ein paar Jahre älter als ich und hat, als er vierzehn war, von einem älteren Cousin ein Moped geschenkt bekommen, das man erst mit sechzehn fahren durfte. Es war also so: Dierk war vierzehn, hatte keinen Helm und keinen Führerschein, aber er konnte fahren. Und er hatte ein Moped, das nicht angemeldet war, nicht versichert und über alle Maßen frisiert, aber es fuhr. Und was machte Dierk mit diesem Moped? Klar – fahren!

Natürlich niemals auf der Straße, nein, immer nur auf den Feldwegen seiner Heimatgemeinde oder aber querfeldein auf den Koppeln des elterlichen Betriebes, und Dierk erzählte mir, der Sommer mit vierzehn sei der schönste seines Lebens gewesen, bis er im Jahr darauf, mit fünfzehn, die Mädels für sich entdeckte, was dem Leben noch einmal ganz andere Dimensionen verlieh. Aber mit vierzehn – in den Sommerferien habe er seinen Eltern auf dem Hof geholfen und dabei Geld verdient. Dieses Geld habe er dann umgesetzt in Gemisch für seine alte Zündapp, und wenn das Geld, was er verdient hatte, nicht ausreichte, dann wusste er, wo in Mutters Küchenschrank die große Tasse mit dem Eiergeld stand, und er fing an, diese Eiergeldtasse von unten mit Zuckerstückchen aufzufüllen, damit es oben nicht auffiel, dass er Geld entnommen hatte, und er kaufte weiteres Gemisch für die Zündapp und fuhr in jeder freien Minute auf ihr, mit vierzehn, ohne Helm, ohne Führerschein, viel zu schnell, auf einem nicht angemeldeten, nicht versicherten, frisierten Moped, aber niemals auf der Straße, immer nur auf den Koppeln oder den Feldwegen. Und so war er eines Tages mal wieder auf dem Feldweg unterwegs, als er plötzlich sah, wie ihm auf diesem Feldweg das Polizeiauto des Dorfsheriffs entgegen kam. Dierk erzählte mir, seine Reaktion sei, nun ja, eher nicht sehr spontan gewesen. Er sei weiter gefahren, habe das Polizeiauto gesehen und habe gedacht: Hä? Und dieser Gedanke habe so lange gedauert und er, Dierk, sei immer weiter gefahren, nichts weiter denkend als: Hä?, dass er sich plötzlich im Klaren darüber gewesen sei: Es ist zu spät, sich zu verstecken, im Graben oder hinterm Knick. Der Polizist musste ihn gesehen haben, und in seiner Not sei er nur schnell vom Moped abgesprungen, habe es ausgestellt und dann auf dem Feldweg dem Polizeiauto entgegen geschoben.

Und als der Polizist auf gleicher Höhe war, da hielt er an, kurbelte die Scheibe runter – das musste man damals noch – natürlich kannte man sich, und der Dorfsheriff richtete das Wort an Dierk, und es entspann sich folgender, wundersamer Dialog:

Dorfsheriff: „Na, Dierk, was machst du denn hier?"

Dierk: „Ich, ääh, ich, ich schieb mein Moped, nä!"

Dorfsheriff: „Ja, aber warum schiebst du dein Moped?"

Dierk: „Naja, Herr Wachtmeister, fahren darf ich das ja noch gar nicht, nä, also schieb ich das lieber!"

Dorfsheriff: „Aber ganz ehrlich, Dierk, das scheint mir jetzt nicht besonders logisch zu sein. Ich mein, wenn du dein Moped gar nicht fahren darfst, warum lässt du es nicht einfach zuhause? Warum schiebst du es hier durch die Gegend? Muss das Gassi gehen oder was?"

Dierk: „Nee, nee, Herr Wachtmeister, mein Moped, nä, das ist ja kaputt. Und, und ich, äh, ich hab nen Kumpel im Nachbarort, der hat gesagt, er kann das vielleicht heil machen, und da wollte ich das jetzt hinschieben, nä?"

Dorfsheriff: „Und warum, wenn ich fragen darf, schiebst du es nicht auf dem Fahrradweg an der Bundesstraße entlang zum Nachbarort, warum schiebst es hier über den Feldweg? Das ist doch viel weiter!"

Dierk: „Ja, Herr Wachtmeister, das stimmt wohl, aber ich wusste ja auch gar nicht, ob das erlaubt ist, so ein kaputtes Moped auf dem Fahrradweg zu schieben, nä, und ich hab gedacht, bevor ich jetzt irgendwas Verbotenes tu, schiebe ich es lieber hier über den Feldweg, das ist sicherer, nä?"

Dorfsheriff: „Und sag mal, Dierk, kann es sein, ich mein: Du bist nicht zufällig gefahren?"

Dierk: „Herr Wachtmeister, das darf ich doch gar nicht, und das würde ich auch nie, niemals, nein, ich bin nicht gefahren!“

Dorfsheriff: „Ganz ehrlich, Dierk, bist du gefahren?“

Dierk: „Mmh-mmh! Nein, ich bin nicht gefahren!“

Dorfsheriff: „Okay. Dann fass mal den Auspuff an!“

Und Dierk wusste: Er war den Weg der Lüge zu weit gegangen. Er konnte nun nicht einfach umkehren und sagen: April April! Ich hab nur nen Scherz gemacht! Ich bin doch gefahren!

Oder vielleicht: Aah, Herr Wachtmeister, plötzlich fällt es mir wieder ein! Möglicherweise bin ich doch gefahren!

Dierk machte sich auf schlimme Schmerzen gefasst, aber er schwor sich: Nicht ein Laut des Jammers würde über seine Lippen kommen, nicht ein Schmerzenszucken seinen Körper durchfahren. Und er fasste sich ein Herz und mit der rechten Hand an den Krümmer. Es machte ein hässliches Geräusch. Nach ungefähr zwei Sekunden sagte der Dorfsheriff: „Okay, Dirk, dann schieb dein Moped mal schön weiter!“

Und er kurbelte die Scheibe hoch und fuhr von dannen. Wie gesagt, meine Frau fand es sadistisch, aber ich finde: Dierk musste keine Strafe zahlen, hat keine Führerscheinsperre gekriegt, musste keine Sozialstunden leisten, nicht den Kirchhof fegen, nichts von alledem. Er konnte mit sechzehn seinen Mopedführerschein machen, und die alte Zündapp hat er immer noch. Sie ist nicht tot zu kriegen. Inzwischen ist sie nicht mehr angemeldet und nicht mehr versichert, aber sie fährt! Und Dierk hat auch immer noch die alten Brandnarben an der rechten Hand, die ihn immer an diesen Tag erinnern werden, aber er ist der Meinung: Das war es wert!

So muss das sein

Nachdem der Mitarbeiter der Agrarverwaltung
im Rahmen der Vor-Ort-Kontrolle
bezüglich der Rechtmäßigkeit
der an mich gezahlten Agrarförderung
in unserer Küche seinen Rechner hochgefahren
und meine Daten aufgerufen hatte
konnte ich auf den Satellitenbildern unseres Hofes
meine Kühe auf der Weide grasen sehen

zwar waren sie etwas grob verpixelt
nichtsdestotrotz konnte ich einige von ihnen
aufgrund ihrer besonderen Fellzeichnung erkennen
so etwa Donner
Eisbär
Literatur und Lava

sehen Sie
sagte ich zum Kontrolleur
so muss das sein
das ist Ökolandbau
das ist Rinderhaltung
wie sie sein soll
die Kühe auf der Weide
und die ganze Welt schaut zu

er nickte nur und
hat trotzdem weiter kontrolliert
unbestechlich
knallhart
im Dienste des Steuerzahlers

soll er doch
er macht ja auch nur seinen Job
ebenso wie ich

nur anders

Stolper Humor

In meinen Augen gibt es keinen Zweifel: Es gibt einen spezifischen Stolper Humor. Oder vielleicht ist dieser Humor gar nicht spezifisch stolpisch, aber mit Sicherheit ist es ein spezifischer Humor für ein Dorf, das durch eine Autobahn in zwei Teile geteilt wird. Und das ist bei Stolpe der Fall.

Das Teilstück der A21 zwischen Bornhöved und Stolpe wurde 1972 fertig gestellt und ist acht Kilometer lang. Acht Kilometer Autobahn mitten in der Pampa. Und viele Jahre hat man sich gefragt: Was zum Teufel soll diese Autobahn da? Man fuhr auf der Bundesstraße, da war wenig Verkehr, und da, wo es am einsamsten war, wurde es plötzlich vierspurig; es gab nur noch Anschlussstellen und Brücken und blaue Schilder und so weiter, und kaum hatte man richtig aufs Gaspedal getreten, da war das Ganze schon wieder vorbei, und man fragte sich: Was soll das? Hat das militärische Gründe? Ist das ein Behelfsflughafen? Eine Abschussrampe für Marschflugkörper? Oder vielleicht nur eine etwas groß geratene Siloplatte des Bauern nebenan?

Ich habe die alten Stolper Lokalpolitiker mal gefragt, warum man damals, 1972, da diese Autobahn gebaut hat – ich meine, eine Umgehungsstraße für Wankendorf und Bornhöved, durch die zuvor der Bundesstraßenverkehr gerollt war, hätte ja auch gelangt – und ich erhielt drei verschiedene Antworten von drei verschiedenen Lokalpolitikern. Der erste sagte, der Kreis Plön wollte auch gern mal eine Autobahn haben, und das sei die einzige Möglichkeit gewesen. Der zweite meinte, man hätte unbedingt eine direkte Verbindung zwischen Bornhöved und Stolpe haben wollen, ohne durch Wankendorf zu müssen, und der dritte behauptete, man habe das nur gebaut wegen der Fahrschulen in Bornhöved und Wankendorf, damit die für die Autobahnfahrt nicht extra nach Lübeck oder nach Neumünster fahren mussten. Ich weiß nicht, ob das stimmt, aber meine Fahrschule war in Bornhöved – Fahrschule Schröder – und meine Autobahnfahrt für Führerschein Klasse Drei 1985 ging von Bornhöved nach Stolpe, Wende, Stolpe nach Bornhöved, Wende, Bornhöved nach Stolpe, Wende, Stolpe nach Bornhöved, und dann waren wir damit durch. Hat zwar nur zwanzig Minuten gedauert, aber für den Führerschein hat es gereicht, und noch nach Jahren war ich immer aufgeregt, wenn ich mal auf eine echte Autobahn gefahren bin und nicht nur auf eine Siloplattenmarschflugkörperfahrschulteststrecke.

Naja, und damals, 1972, da hat man Autobahnen folgendermaßen gebaut: zack und durch! Gerade Strecke, Asphalt drauf, fertig. Was, da ist ein Dorf im Weg? Wir bauen mittendurch! Und so hat man Stolpe 1972 in zwei Teile geteilt. Es gibt den Stolper See. An dessen Ufer liegt Downtown Stolpe. Dann kommt ein Krater, an dessen Grund die Autobahn verläuft, und auf der anderen Seite des Kraters liegt Stolpe Bahnhof, ein Name, der noch aus jener Zeit rührt, als es noch eine Bahnverbindung zwischen Bad Segeberg und Kiel gab. Die wurde allerdings schon 1961 eingestellt, aber mein Vadder erzählte immer gern, wie er und seine Kumpels als Jungs auf die fahrenden Züge aufgesprungen sind, wie die Hobos in Amerika. Die beiden Ortsteile sind durch zwei Brücken und eine Unterführung miteinander verbunden, wobei besonders die Unterführung bemerkenswert ist, weil es in ihr erstens so wunderbar hallt und zweitens immer nach Pisse stinkt, und man fragt sich: Von wem? Wer pisst immer in die Unterführung?

Heute jedenfalls gehört die Autobahn zum Leben in Stolpe einfach dazu; ein Leben in Stolpe ohne Autobahn ist schlicht nicht vorstellbar. Und in Stolpe weiß jeder, was es bedeutet, wenn in einer Immobilienanzeige etwas von „guter Verkehrsanbindung“ steht. Das bedeutet: Es ist laut. Und es kann gefährlich sein.

Leben in Stolpe trägt auch immer einen Anflug von Tod in sich. Das muss nicht immer schlecht sein; im Gegenteil, ich finde, der Tod gehört zum Leben dazu, und es ist immer gut, ihn nicht ganz zu vergessen. Und in Stolpe gibt es immer mal einen schweren Unfall auf der Autobahn, oder Kühe – nicht immer meine – brechen aus und laufen auf der Autobahn herum, oder du wächst in Stolpe auf, hast zum ersten Mal ein Haustier, und dann läuft deine Katze weg und liegt zwei Tage später platt gefahren auf der Autobahn – das sind Dinge, die in Stolpe geschehen können, und damit musst du irgendwie klar kommen, wenn du in Stolpe lebst. Und die meisten Stolper kommen damit damit klar, indem sie sich den typischen Stolper Humor angewöhnen: hart, aber herzlich.

Ein gutes Beispiel für diesen Stolper Humor ist der umgangssprachliche Name für das Jägermenü, mit dem traditionell unser jährliches Dorffest endet. Einmal im Jahr ist Dorffest, meist im Juni, von Freitag bis Sonntag, und am Sonntagmittag kocht die Stolper Jägerschaft für das ganze Dorf einen riesigen Pott Wildgulasch. Jeder kann kommen und mitessen, es schmeckt superlecker, aber in Stolpe heißt das nicht Wildgulasch, sondern A21-Ragout. Und das ist nicht böse gemeint. Es heißt einfach so.

Stolper Humor vom Feinsten – ein Spezialist dafür ist Richard, ein guter Freund meiner Eltern, seit einigen Jahren Witwer. Im Herbst 2014, am 5.Oktober – es war der Sonntag des Erntedankfestes – wollten meine Eltern gemeinsam mit 140 Gästen auf dem Saal von Schlüters Gasthof in Wankendorf ihren (in Summe) 160. Geburtstag feiern, aber der Tod kam dazwischen; denn mein Vater starb am 23. September an einem Herzinfarkt. Zunächst kam die große Familie zusammen, um Abschied zu nehmen, während Vadder noch warm, aber tot auf seinem Platz auf seinem Sofa lag. Spät am Abend kam der Bestatter, um ihn abzuholen, und am nächsten Tag musste ich ja erst mal mit dem Kröger schnacken, die Geburtstagsparty absagen, dafür einige Tage früher den Saal reservieren, für den Leichenschmaus nach der Trauerfeier. Anschließend rief ich Verwandte und Freunde an, um vom Geburtstag aus- und zur Trauerfeier einzuladen. Und als ich Richard an der Strippe hatte, sagte er am Telefon zu mir: „Na, die vierzehn Tage hätte dein Vadder auch noch warten können!“ Was soll ich sagen? Ich konnte allerbest drüber lachen. Ich bin Stolper, und das ist Stolper Humor.

Im vergangenen Jahr ist dann Richards Altenteil abgebrannt, zwischen Weihnachten und Neujahr, am 27. Dezember. Der Weihnachtsbaum hatte Feuer gefangen, zack, die Stube brannte lichterloh, und am Ende wurde zwar niemand verletzt, aber von dem Haus blieb nicht viel über. Am 28. Dezember bekam Richard dann Besuch von einem Mitarbeiter der Kieler Nachrichten, der Fotos machte und eine Reportage über das Feuer schrieb. Am 30. Dezember konnten wir dann lesen, was Richard auf die Frage geantwortet hatte, ob das Haus wieder aufgebaut werden soll: „Wir werden es wieder aufbauen. Aber nicht mehr dieses Jahr." Grimmiger Humor sei das, schrieben die Kieler Nachrichten. Stolper Humor, würde ich sagen.

Und auch der mit Abstand witzigste Spruch, den ich jemals hören durfte, kam aus dem Mund eines Stolpers. Zehn Jahre ist es her, dass eine aus Stolpe kommende Freundin von uns in Neumünster heiratete. Es war ein Fest in eher edlem Ambiente, und meine Frau und ich saßen mit einigen Stolper Freunden am festlich gedeckten Tisch. Mit dabei war Sven, inzwischen verheiratet, damals noch Single und allein auf dem Fest. Svens Eltern waren in Stolpe Pächter eines kleinen Gutshofes gewesen, aber sie waren beide längst gestorben. Svens Vater starb, als Sven siebzehn war, seine Mutter, da war er zwanzig. Als junger Mann hatte Sven darunter sehr gelitten, und zusätzlich zu diesem Übel hatte er auch sein Elternhaus verloren. Inzwischen aber waren diese Wunden wenn schon nicht vollständig verheilt, so doch vernarbt. Sven, ganz Partytier, wollte es bei der Hochzeit richtig krachen lassen. Im Moment saßen wir am gedeckten Tisch und warteten auf das

Essen; die Grundlage durfte natürlich nicht fehlen. Doch vorher stand der Vater des Bräutigams auf, um eine Rede zu halten. Sie war nicht besonders gut. Dafür war sie lang. Wir hatten Hunger und wir wollten essen. Endlich setzte sich der Bräutigamsvater, und wir dachten, nun ginge es los, da stand er abermals auf und redete weiter. Sven guckte gequält und murmelte gerade so laut und so deutlich, dass jeder an unserem Tisch es hören konnte: „Also, wenn ich mal heirate: Ein Glück, dass meine Alten schon tot sind!"

Es bedurfte schon einer heftigen Zurückhaltung, nicht komplett die Beherrschung zu verlieren und laut los zu lachen. Und man kann erst verstehen, wie unglaublich witzig das war, wenn man weiß, wie sehr Sven unter dem frühen Tod seiner Eltern gelitten hat. Ein Lachen, das den Schmerz nicht kennt, ist nichts wert. Und im Gegenzug ist auch all das Schöne ohne den Scheiß nicht denkbar. Genau das lernen wir in Stolpe, einfach so, indem wir dort leben. Wenn wir dem Tod schon nicht entwischen können, dann wollen wir wenigstens über ihn lachen.

Die Hochzeit wurde noch zu einem rauschenden Fest. Sven war mittendrin. Er feierte das Leben.

Robert Kennedy

Rein zufällig
sahen wir im Fernsehen
spätabends eine Dokumentation
über Robert Kennedy

ich hatte vorher keine Ahnung gehabt
aber meine Güte
wie unglaublich charismatisch der war und
wie grundehrlich er wirkte
nett
bescheiden
charmant

und er sah
wie meine Frau bemerkte
auch noch besser aus
als sein großer Bruder

ich fragte mich
wie sähe die Welt heute aus
wenn ihn nicht irgendwer
über den Haufen geschossen hätte
wenn er Präsident geworden wäre
damals
Ende der Sechziger
im Jahr meiner Geburt

wäre alles besser geworden oder
wäre alles gleich geblieben
der Utopist in mir hofft ersteres
der Realist in mir glaubt letzteres

meine Güte
bin ich abgefuckt
oder nur
erwachsen

egal
in dieser Sache
macht es keinen Unterschied

Weihnachtsmusik im Melkstand

Also, echt, Weihnachten, das ist ja alles recht gut und schön. Ich hab da nichts gegen. Nichts Wirksames jedenfalls. Weihnachten ist eben Weihnachten, und wenn man hier lebt, dann muss man damit klar kommen. Weihnachtsmärkte, Weihnachtsfeiern im Betrieb, im Sportverein, in der Gemeinde, beim Roten Kreuz, beim Landfrauenverein, überall. Dazu Glühwein, Geschenke, Lebkuchen, der ganze Kram, über Wochen nichts anderes als „Drei Nüsse für Aschenbrödel" in der Glotze, und der Prinz trägt immer noch die gleichen langen Unterhosen, als hätte er vergessen, sein Kostüm anzuziehen. Alles in Ordnung, kann ich mit leben. Bei der Musik allerdings fällt es mir schwer.

Ich hör ja immer Musik im Melkstand, und am Montag nach Totensonntag fängt sie an, die Weihnachtsmusik im Radio. Sie warten noch nicht einmal bis zum Ersten Advent, nein, Montag nach Totensonntag schmeißen sie beim Radio die Weihnachtsmusik-Mix-CD in den Player und holen sie erst am 27.Dezember wieder raus. Und ich steh im Melkstand, hör zum ersten Mal im Jahr „Do they know it`s Christmas" und wünsch mir nichts anderes als den Totensonntag zurück. Hätte ich auch nicht gedacht, ist aber so. Und noch bevor ich darüber nachdenken kann, kriege ich den großen Tatter, denn ich weiß, es kommt noch schlimmer. Zehn Minuten später ist es soweit, so sicher wie das Amen in der

Kirche: „Last Christmas, I gave you my heart, but the very next day, you gave it away…“ Tut mir leid, ich kann da nicht gegenan.

Das Fiese ist: Sie spielen das ja nicht nur einmal, nein, sie spielen es einmal pro Stunde. Zwischen Totensonntag und Zweitweihnachtstag liegen im Durchschnitt 33 Tage. 33 Tage mal 24 Stunden, macht 792 mal „Last Christmas, I gave you my heart, jammer, sülz, schleim“ Und schaltet man von dem einen Sender weg, spielen sie es gerade auf dem anderen. Es gibt keinen Ausweg. Meine Kühe wollen Musik hören, im Melkstand, aber von zu viel George Michael wird die Milch sauer. Und der scheffelt nach wie vor Millionen damit, jedes Jahr, mehr, als er sich jemals durch die Nase ziehen konnte. Kann er jetzt ja eh nicht mehr. Ruhe in Frieden, aber lass meine Kühe in Ruhe.

Was mich anbetrifft, gibt es in diesem normalen Durchschnittsradio-Weihnachtsmusikprogramm nur ein Stück, das mich anzurühren vermag. Es ist von Chris Rea, auch einer der beliebtesten Durchschnittsschnulzensänger des Durchschnittsschnulzenradios. Wenn ich im Melkstand stehe, am Melken bin, und dann spielen sie „Driving home for Christmas“ – ich kann nichts dafür; mir schießen Tränen in die Augen. Denn ich stell mir vor, wie Chris Rea da in England in seinem Auto sitzt und auf der falschen Seite durch das typische englische Vorweihnachtsschmuddelwetter nach Hause fährt und sich so sehr darauf freut, endlich heim zu kommen und seine Lieben wieder in die Arme zu schließen. Denn darum geht es ja auch an Weihnachten: Dass die Familie zusammenkommt, dieses eine Mal im Jahr, von überall her, rund um den Esstisch, ob mit Baum oder ohne, ob Lametta oder nicht, scheißegal, wir sind zusammen.

In diesem Lied gibt es eine magische Stelle, da singt Chris Rea: „I take a look at the driver next to me. He`s just the same. Just the same." Dann ein paar Takte Stille, Schweigen, und im Hintergrund meint man, den Motor des Autos zu hören, aber vielleicht ist das auch nur das Brummen der Melkmaschine im Melkstand. Jedenfalls lässt das Lied einem Raum, seinen eigenen Gedanken nachzuhängen, bevor die nächste Strophe kommt. Das ist genial. Und ich stell mir vor, dass ich auf dem Weg nach Hause bin, im Auto, auf der Autobahn, im Stau, und ich guck rüber zum Auto neben mir und seh mich selbst am Steuer sitzen, links ebenso wie rechts, vor mir, hinter mir, ein ganzer Stau voll von Autos mit mir selbst darin, und wenn nicht mit mir selbst, so doch von Menschen wie mir: Leute, die unterwegs sind, nach Hause, zu ihren Frauen, Männern, Familien. Um da zu sein, wo man hin gehört. Und schwupps, laufen mir die Tränen über die Wangen. Ich kann nichts dafür, aber ich kann auch nichts dagegen. Ich weine, und ich freu mich auf Zuhause, auf die Liebste, auf meine Familie. Und das Beste ist: Ich stehe gar nicht im Stau; ich stehe im Melkstand. Ich muss nicht erst nach Hause; ich bin schon da. Wenn die Arbeit fertig ist, muss ich nichts weiter als die Gummistiefel ausziehen und reingehen, in die Küche, in die Stube. Naja, duschen und umziehen ist vielleicht auch nicht schlecht, und schon bin ich am Ziel, zuhause, am besten Ort der Welt, für mich. Mann, hab ich das gut!

Die Hochzeitsbank

Lange hatte ich gezögert
aber nun habe ich es getan

vierundzwanzig Jahre und fünf Monate
nach unserer Hochzeit
habe ich die selbst gezimmerte Gartenbank
die wir damals von unseren Freunden bekamen
klein gesägt

ebenso wie manche Freundschaften
hielt auch sie nicht ewig

und wenn sie auch weit davon entfernt war
Baumarktscheiß
genannt werden zu dürfen
so war ihre Zeit nun doch vorüber
nach vierundzwanzig Jahren und fünf Monaten

morsch und mürbe
war sie geworden
und die Kettensäge ging hindurch
als wäre das gar nichts

fast hätte ich geheult
in diesem Moment
aber später freute ich mich
über einen großen Korb
voller Anmachholz

Niemals aufgeben!

Keine Ahnung, warum, aber immer wieder habe ich mit medizinischen Fachkräften osteuropäischen Ursprungs zu tun. Das trifft sich gut, denn ich liebe es, wenn sie mit diesem typischen Akzent deutsch sprechen. So wie meine Zahnärztin, die mir mindestens einmal im Jahr in den Mund schaut und begeistert das Wort „Extraktion!“ ruft. Und unvergessen ist für mich jener Moment, in welchem die blondgelockte, großbrüstige Sprechstundenhilfe meines Urologen kurz vor meiner Vasektomie mit geübtem Griff die Gründlichkeit der Rasur meines Skrotums kontrollierte, um dann – wortreich kommentierend – zu entscheiden, dass sie noch einmal nacharbeiten müsse. Also widmete sie sich hingebungsvoll, aber vorsichtig und mit zarter Hand dieser Aufgabe, und ich sagte immer nur, immer wieder im Stillen zu mir selbst: NEIN! NEIN! HALT DEN BALL FLACH! HALT UM HIMMELS WILLEN DEN BALL FLACH! Und wünschte mir, man hätte sich unter ähnlichen, aber anderen Umständen kennen gelernt.

Auch Jurek, mein Tierarzt, ist Exil-Pole und gerade dabei, sich zu assimilieren. So steht auf seiner Visitenkarte Georg statt Jurek, und er lässt sich auch von aller Welt so nennen. Für mich aber ist er Jurek, und ich mag ihn sehr. Natürlich will ich ihn nicht zu oft sehen; das würde auf die Dauer zu teuer werden, aber wenn er da ist, haben wir immer ein angeregtes Gespräch, und fasziniert lausche ich seinem polnischen Akzent. Zuletzt hatte ich eine alte Kuh – wie alle alten Kühe auf meinem Hof heißt sie Oma – die nach dem Kalben mit Milchfieber festlag. Jurek kam, steckte sein Fieberthermometer in eine hintere Körperöffnung der Kuh, bis es piepte, schaute mit großen Augen aufs Display, schüttelte erst seinen Kopf und dann das Fieberthermometer, stellte es aus und wieder an, steckte es in die Körperöffnung, bis es piepte. Wieder der Blick aufs Display, dann der Ausruf: „32,7 Krrad! Dass kiept es niecht! Wir ssagen immerr: Alless unterr 35 isst tott!"

Aber die Kuh lebte, ohne Zweifel. Jurek fragte, ob er es versuchen solle, oder ob er sie einschläfern solle. Die Chancen stünden eher 30 zu 70 als 40 zu 60. Ich sagte: Klar versuchen wir es. Ich kenn meine Oma. Die ist zäh!

Also Infusion, Calcium, Glucose, man kennt das ja. Als Jurek ging, wünschte er: „Ich chabe alles kemacht! Volle Pulle! Und jetzt sage ich: Viel Klück!" Ein halbe Stunde später stand die Kuh, fraß und tat, als sei nichts gewesen. Und ich sah ihr beim Leben zu und dachte: Okay, niemals aufgeben! Und lächelte. Diesmal war es gut gegangen. Und während sie fraß, langsam, aber beharrlich, sagte ich leise zu ihr und zu mir selbst: „Von wegen, unterr 35 isst tott! Unterr 35 läppt!"

Bio-Obst und Spätpubertät

Meine Tochter
die zweite
kam nach Haus

sie hatte eingekauft

neben den Dingen
die auf dem Einkaufszettel standen
auch Kosmetika für sich –
das macht sie immer
wenn sie mit meinem Geld einkauft –
und eine Schale Pflaumen

wieso Pflaumen?
fragte ich sie

die sind Bio
und im Angebot!
antwortete sie

ich musste lachen
deutete nach draußen
auf den Obstbaum vor unserem Fenster
und sagte

guck mal da
die sind Bio
und umsonst!

sie rollte mit den Augen
und stapfte polternd
die Treppe hoch

warum nur
ist sie jetzt beleidigt?
fragte ich mich

Keine Bange, Nora

Montagmittag

unsere Tochter
die zweitälteste
kommt wieder einmal
von einem Festival zurück

todmüde
vollgestaubt
dreckig
mit roten Augen und
schwarzen Füßen

ganz ehrlich
ruft sie
das war das beste Festival
auf dem ich je gewesen bin

ich hab seit Donnerstag zwar
nur acht Stunden geschlafen
aber es war so geil

sie hält inne
als lausche sie
ihren Worten hinterher

dann fügt sie hinzu

trotzdem glaube ich nicht
dass ich mein ganzes Leben lang
jung sein will

und geht ins Bett und
schläft bis Dienstag

Es geht immer weiter

Ich erinnere mich noch gut
an jenen Abend

ich dachte
so geht es nicht weiter
ich halte es nicht mehr aus

die Pubertät hatte voll zugeschlagen und
eines meiner Kinder hatte mich angebrüllt
mit Worten
die so ähnlich klangen wie
fick dich du Arschloch

zum ersten und einzigen Mal
bereute ich es
Kinder zu haben
und ich fragte mich
warum wir überhaupt angefangen hatten
mit diesem Scheißdreck

ich wusste nicht weiter

also fuhr ich den Computer hoch und
gab den Begriff
Internate
in eine Suchmaschine ein

eine halbe Stunde und
einige Dutzend Homepages später
wusste ich
einen Platz im Internat
würden wir uns niemals leisten können

es war klar
wir mussten da irgendwie durch
auch wenn es nicht leicht werden und
auch wenn es wehtun würde

es wurde nicht leicht und
es tat weh
aber wir kamen durch

denn es geht immer weiter und
oft sieht die Welt am nächsten Morgen
schon wieder ganz anders aus

das darf ich nicht vergessen
niemals
darf ich das vergessen

Heimat – Berlin – Heimat

oder: Warum ich mit dem Trecker nach Berlin zur Demo
für bäuerliche Landwirtschaft fahre (2016)

Es war ein wunderschöner Morgen. Das bemerkte ich jetzt, als ich auf dem Berg stand. Eigentlich war ich gerade dabei, die Kühe zum Melken heim zu holen. Aber nun hielt ich inne und musste erst mal gucken. Das fiel mir nicht leicht; denn ich kriegte die Augen nicht so richtig auf.

Es war der 2. August 2016. Der Morgen unserer Silberhochzeit. Die Liebste und ich, wir waren tatsächlich schon 25 Jahre lang verheiratet. Am Abend zuvor waren einige Freunde vorbei gekommen, um vor unserer Haustür eine Girlande aufzuhängen. Wir hatten noch etwas zusammen getrunken. Es war spät geworden, spät und glücklich, als Birte und ich ins Bett hüpften. Jetzt war die kurze Nacht vorbei; eigentlich hätte ich schon längst im Melkstand stehen wollen. Aber ich stand auf dem Berg und guckte. Zuerst mit äußerst kleinen Augen. Aber nun wurden sie größer und größer. Ich konnte mich gar nicht satt sehen.

Vor mir lag meine Heimat, ausgebreitet in all ihrer verschwenderischen Pracht, prall, grün, in voller Blüte. Auf der Weide mit der großen Hainbuche lagen meine Kühe träge in der Morgensonne. Wie zufällig dahingepurzelt hatten sie sich im Gras verteilt. Mit schwarzglänzenden Blicken, die ich als „Uns geht alles am Arsch vorbei“ deutete, schauten sie sich ihr eigenes Idyll an und käuten wieder, als gäbe es nichts Wichtigeres auf dieser Welt. Über dem Moor tief unter uns hing eine dünne Schicht Nebel, die langsam sich auflösend höher stieg. Schon konnte ich schemenhaft einige Umrisse meiner dort grasenden Jungtiere erkennen. Ich wusste, es ging ihnen gut. Für Jungrinder gibt es nichts Besseres als den Sommer. Gras und Gras und Gras und keinen, der was von einem will. In mir stieg ein seltenes Glücksgefühl hoch, und ich spürte, dass dies hier mein Platz war, mein Platz auf dieser Welt. Hier und nirgends anders gehörte ich hin. Hier wollte ich meine Arbeit tun; hier wollte ich ein guter Mensch sein. Wie „Gutmensch" zu einem Schimpfwort hatte werden können, habe ich nie verstanden. Gibt es denn Leute, die schlechte Menschen sein wollen? Die es gut finden, schlecht zu sein?

Ich riss mich aus diesen Gedanken. Ein letztes Mal guckte ich, nahm dieses Bild des Glücks in mich auf, dann schritt ich zwischen meine Kühe und trieb sie hoch. Schließlich waren wir nicht zum Spaß hier. Jedenfalls nicht nur. Leise seufzend standen die Kühe auf, um – als Zeichen leisen Protests oder einfach nur so – erst mal zu scheißen. Sie und ich, wir mussten Milch liefern. Ich hoffe und glaube, dass sie das gerne tun. Ich weiß, dass ich es gerne tu.

Was hat das nun alles mit der Demo in Berlin zu tun? Warum da hinfahren und für bäuerliche Landwirtschaft demonstrieren? Reicht es nicht aus, da zu sein, wo man hingehört und das zu tun, was man für gut und richtig hält? Was für ein Stress, die Arbeit auf dem Hof zu organisieren, den Trecker sauber zu machen – manche sagen, das kann man sich auch sparen – Sprit zu verfahren, nach zwölf Stunden auf dem Fahrersitz einen steifen Nacken zu kriegen… wofür das Ganze? Jedes Mal, wenn ich zurück bin, fragt Mudder mich: Und wat hett di dat nu bröcht?

Mudder, sage ich dann, es hat etwas gebracht. Es ist wichtig, dort zu sein und zu zeigen, dass vor allem auch wir Bauern eine andere Landwirtschaft wollen. Unsere Kühe können nicht selbst nach Berlin fahren und sagen, dass sie auch in Zukunft im Licht des frühen Morgens auf der Weide liegen und wiederkäuen wollen, bis der Bauer kommt. Und sie können nicht sagen, dass sie Weidegang haben wollen statt ganzjähriger Stallhaltung mit Essen auf Rädern, jeden Tag den gleichen Scheiß, vom Futtermischwagen zum immer gleichen Eintopf gerührt. Was die Kühe wollen, das zeigen sie mir, dem Bauern, wenn sie im Frühjahr ausflippen vor Freude, wenn sie endlich wieder raus können, nach einem langen Winter. Und meine Aufgabe ist es, dass sie kriegen, was sie wollen. Weil es auch das ist, was ich will: Kühe auf der Weide, im Sommer, auf unserem Berg, unter der Hainbuche.

Nebenbei gesagt: Es macht sogar Spaß, nach Berlin zu fahren. Allein schon die Ankunft in Blankenfelde, jedes Mal wieder ein Erlebnis. All diese Bauern dort mit ihren Treckern, den leuchtenden Augen in den glücklichen Gesichtern. Vor Ort, im Dorf, weiß ich ja manchmal gar nicht, ob ich nicht vielleicht doch ganz allein bin mit meiner Meinung. Und dann komme ich in diesen Raum voller Bäuerinnen und Bauern, die auf ihren Höfen, in ihren Dörfern genau das tun, was ich auch mache, auf meinem Hof, in meinem Dorf. Wir sind gar nicht so wenige, wie es manchmal den Anschein hat. Es gibt uns überall. Noch. Und wenn wir dann mit den Treckern durch das Spalier der jubelnden Demoleute fahren, gibt das Kraft für ein ganzes neues Jahr. Auf dass wir auch im Jahr darauf wieder dabei sein können, in Blankenfelde und in Berlin.

Und, ach ja: Es ist wundervoll, nach einem Wochenende auf Achse wieder nach Hause zu kommen. Allein der Geruch auf dem Hof! Ehrlich mal: Wie geil ist das denn?

Schönheit im Spätherbst

Beim Weideabtrieb beobachtete ich
dass die letzte Kuh
in einer langen Reihe von Kühen
die in gleichgültiger Melancholie
Nase an Schwanz
Nase an Schwanz
in Richtung Kuhstall trotteten
auf dem vom Regen der letzten Tage
aufgeweichten Treibweg stehen blieb
bis zu den Knöcheln im Matsch
den Schwanz hob
und in stiller Andacht
ganz in Ruhe und
genüsslich
so schien es
schiss

dann senkte sie den Schwanz und
ging weiter
Richtung Stall

als ich einen Augenblick später
an die Stelle kam
sah ich
dass sie mitten in den graubraunen Schlamm
des Treibweges
einen dunkelgrünen Fladen gesetzt hatte

kreisrund
von samtiger Glätte
und feinem Glanz

gut sah das aus
eine Insel aus Scheiße
in einem Meer aus Schlamm

unwillkürlich
lächelte ich

so einfach und
so natürlich
kann Schönheit sein

Von wegen blöde Kühe!

Es hat lange gedauert, aber nun ist es endlich soweit. Alle unsere Rindviecher sind im Sommer auf der Weide oder haben Zugang zu einem Auslauf, in dem sie Wind und Wetter ausgesetzt sind. Kein Kälbchen, und sei es auch noch so klein und zart, bleibt im Stall. Sie lieben es, draußen zu sein, egal, wie das Wetter ist, und schon nach wenigen Tagen scheinen sie die großen drei schleswig-holsteinischen Grundsätze, das Wetter betreffend, verinnerlicht zu haben. Erstens: Wir sind nicht aus Zucker. Zweitens: Das ist nur ein Schauer. Drittens: Dahinten wird es schon wieder hell.

Die Tränkekälber haben nun eine eigene Sommerweide, mit Zugang zum Kälberstall, sie können also ständig rein und raus, und es ist eine große Freude, ihnen bei ihren Wettrennen und dem unbeschwerten Herumtoben zuzusehen. Ebenso schön ist es, wenn sie faul in der Sonne liegen und pennen. Nur die Schwänze schlagen hin und wieder, um Fliegen zu verscheuchen. So liegen sie und „chillen ihr Leben“, wie meine Kinder sagen würden, und erst, wenn die Tränkeeimer klappernd ans Gatter gehängt werden, wachen sie auf und stürzen sich gierig auf die Nuckel, sich gegenseitig immer wieder wegdrängelnd, denn der Nachbarnuckel schmeckt immer besser als der eigene, ist ja klar.

Die Absetzer kommen, drei Monate alt, dann zunächst in eine Jungviehbox mit Zugang zu einem befestigten

Auslauf, der mit mobilen Panels abgezäunt ist und an den Treibweg der Milchkühe grenzt. So haben Jung und Alt Kontakt zueinander und lernen sich kennen. Obwohl wir uns alle Mühe geben, das Absetzen so allmählich wie möglich zu gestalten, gibt es doch oft erst einmal Gebölke, wenn die Milchtränke ganz ausbleibt. Die großen Kälber stehen dann in der Box und bölken uns, die sonst so zuverlässigen Milchlieferanten, abwechselnd empört und kläglich flehend an, manchmal bis zur Heiserkeit, ehe sie sich in ihr Schicksal fügen und mit Wasser, Silage und Schrot vorlieb nehmen.

Zuletzt aber hörten zwei Angler-Kälber, für gewöhnlich etwas cleverer als die Schwarzbunten, erstaunlich früh mit dem Entzugsbölken auf. Erst dachten wir uns gar nichts dabei; wir glaubten einfach, sie seien eben schlauer und fügten sich deshalb schneller in ihr Schicksal, bis ich eines Nachmittags entdeckte, wie eben diese beiden Kälber an den Panels standen, die Köpfe durch die Lücken der Stahlrohre gesteckt, an den Eutern zweier Kühe nuckelnd, die bereitwillig auf der anderen Seite des Panels standen und sich nach- beziehungsweise vormelken ließen. Da hatten sie sich also gefunden, Jung und Alt, und alle schienen damit ebenso glücklich zu sein wie ich. Denn ich stand im Stall, beobachtete meine geliebten Rindviecher und hatte ein seliges Lächeln im Gesicht. Wieder einmal hatten sie es geschafft, mich zu überraschen. Von wegen blöde Kühe!

Autobahnrastplatz, nachts

Nachts
wenn ich
auf dem Rückweg von einem Auftritt
einen Autobahnrastplatz ansteuere
sagen wir
Buddikate oder
Hüttener Berge
weil ich erst mal ein wenig schlafen muss
bevor ich weiter fahren kann
nach Hause

stehen sie schon da
die Kleintransporter aus Polen
deren Fahrer im Winter
bei laufendem Motor zu schlafen pflegen
damit es sie nicht friert

nebenan
die LKW-Spuren
sind immer voll
mit denen
die dafür sorgen
dass alles bewegt wird
Tag und Nacht
hin und her
ob es Sinn macht
oder nicht

aber auch sie müssen schlafen
irgendwann

neulich Nacht
traute ich meinen Augen kaum

auf dem Beifahrersitz eines LKW
sah ich eine äußerst leicht bekleidete
Blondine sitzen

sie sah aus
als käme sie
direkt aus einer Männerphantasie

ich guckte genauer hin
und sah
dass es sich nur
um den lebensecht
farbenfroh bedruckten
Schonbezug des Beifahrersitzes handelte

der Fahrer saß hinter seinem Steuer
allein

was für ein trostloser Anblick
was für ein trauriges Leben
on the road

Überfrorene Pfützen

Für Bauernkinder
egal welchen Alters
egal ob vier oder vierzehn
scheint es nichts Schöneres zu geben
als an einem kalten Wintertag
aus der Schule heimzukommen
sich die Gummistiefel anzuziehen und
noch vor dem Mittagessen
auf den Hof zu gehen
zu all den überfrorenen Pfützen

mit großer Freude und
ebenso großer Ernsthaftigkeit
stampfen sie
auf dem Eis herum
bis es bricht und
ab geht es
zur nächsten Pfütze
so lange
bis auch die letzte
in schmutzigen Scherben liegt

erst wenn das erledigt ist
kommen sie rein
zum Essen

so sind sie
die guten Bauernkinder
wat mutt
dat mutt und

erst die Arbeit
und dann

Wir Bauern sind anders

Es war im Herbst 2010. Mein Vater, 76 Jahre alt, war am Herzen operiert worden. Zunächst sah alles ganz gut aus; er war auf dem Wege der Besserung, aber dann stürzte er eines Abends in seinem Krankenhauszimmer und schlug sich den Kopf an, woraufhin er Hirnbluten bekam. Sofort wurde er von Bad Segeberg nach Kiel verlegt, in die Hirnchirurgie. Noch in der Nacht wurde er notoperiert, um sein Leben zu retten. Es war ein riskanter Eingriff; kurz vor der OP besuchte ich ihn gemeinsam mit meinem Bruder und meiner Mutter. Uns wurde gesagt, vielleicht sähen wir ihn zum letzten Mal lebend, aber ich glaubte nicht an Vadders Tod. Er war alt und krank und schwach, aber er war auch zäh.

Am nächsten Tag erhielten wir die Nachricht, dass die Operation gut verlaufen sei. Vadder sei noch nicht über den Berg; er sei immer noch in Lebensgefahr und liege auf der Intensivstation. Wir könnten ihn, wenn wir wollten, kurz besuchen, aber nicht alle auf einmal, das sei wohl zuviel für Vadder. Aber was sollten wir machen? Zuhause erzählen: Hey, wir besuchen Opa im Krankenhaus; vielleicht sehen wir ihn zum letzten Mal, aber ihr dürft nicht mit?

Also haben alle uns aufgemacht ins Krankenhaus, Mudder, mein Bruder Udo, seine Freundin Katja, sein Sohn Arik, Birte, unsere fünf Gören Marie, Nora, Peer, Carla, Jon und ich. Elf Leute, wir passten noch nicht einmal alle gemeinsam in den Fahrstuhl zur Intensivstation. Das Team auf der Station guckte erst mal komisch, aber wir sagten, das sei nun einmal unsere Familie; wir würden auch nicht alle gemeinsam ins Zimmer gehen. Okay, hieß es, aber dann sah der Arzt Jon, damals neun Jahre alt, und er sagte, wir können doch den Kleinen da nicht mit rein nehmen, der bekomme doch einen Schock fürs Leben, seinen Opa so zu sehen, mit dem rasierten Kopf, den Maschinen, den Schläuchen und dem Gepiep, Geblink und Geblubber.

Nein, sagten wir, so ein Quatsch, natürlich kommt Jon mit rein, wir Bauern sind anders, und Bauernkinder erst recht, Jon hat tote Kaninchen und Katzen und Kühe und Kälber gesehen, alles mit K haben wir schon durch, nur die Köter leben noch alle beide, aber auch nicht mehr lange, auf dem Bauernhof gehört der Tod zum Leben dazu und wird nicht versteckt, vor wem denn versteckt, früher oder später erwischt es uns alle, kurz gesagt: Er kommt mit rein.

Der Arzt schüttelte den Kopf über so viel Unverstand, aber wir kriegten jeder einen Kittel um und einen Mundschutz vors Gesicht, und dann gingen wir rein, immer zu zweit, und wir sprachen jeder einige Worte mit Vadder, der müde war, aber uns erkannte und sogar lächelte, all seinen Kindern und Enkeln lächelte er zu, und auch wenn er sich später nicht daran erinnern konnte, bin ich mir doch sicher: Dass wir da waren, alle da waren, bei ihm, hat mitgeholfen, dass er überlebte, damals noch.

Und auch Jon hat es überlebt, und ich bin überzeugt, dass es für ihn kein Schock fürs Leben war. Im Gegenteil, er ist gewachsen daran, groß geworden, gereift, und auch wenn nicht alle Bauernkinder Bauern werden, später, so sind sie doch besonders, so viel ist mal klar.

Und als wir alle, die gleichen elf Leute, vier Jahre später rund um Vadders Sofa standen, auf dem er lag, verstorben nach einem Herzinfarkt, noch warm, aber tot, und wir nahmen Abschied, jeder für sich und auf seine Weise und doch auch alle zusammen, da fühlte ich mich stark und stolz und froh, Teil dieser Familie zu sein und Bauernkind und ja, Bauer, und auch, wenn es vielleicht möglich gewesen wäre: Ich hätte nie, niemals, nie ein anderer sein wollen, und alles war gut so wie es war.

ABL Bauernblatt Verlags GmbH
Bahnhofstraße 31
59065 Hamm
Telefon 02381/492288
Fax 02381/492221
email: verlag@bauernstimme.de
Internet: www.bauernstimme.de

Edition Bauernstimme
ISBN: 978-3-930 413-64-5
3. Auflage
Hamm, Januar 2019

Satzherstellung: Vera Thiel
Umschlaggestaltung: Wilfried Boucsein
Studio für Grafikdesign, Gütersloh,
unter Verwendung von Fotos von Katrin Schmitt (Titel)
und Jon Stührwoldt (Rückseite)
Druck: PRINTEC OFFSET, Kassel